Norbert Wickbold
Denkzettel

8

Norbert Wickbold

Denkzettel

Die achte Staffel

1. Auflage
Copyright © 2021 by Norbert Wickbold
Layout, Umschlaggestaltung und Illustration: Norbert Wickbold
Korrektorin: Irene Wickbold
Verlag & Druck: tredition GmbH, Halenreie 40-44, 22359 Hamburg

ISBN: 978-3-347-24971-4 (Paperback)
ISBN: 978-3-347-24972-1 (Hardcover)
ISBN: 978-3-347-24973-8 (e-Book)

Bibliografische Information der Deutschen Nationalbibliothek:
Die Deutsche Nationalbibliothek verzeichnet diese Publikation in der Deutschen Nationalbibliografie; detaillierte bibliografische Daten sind im Internet über http://dnb.d-nb.de abrufbar.

Inhalt

Vorwort

Jetzt kommen die Denkzettel schon in der achten Ausgabe. Ruft da jemand: Alle Achtung? In der Tat ruft uns die Acht zur Wachsamkeit auf. Achtung, Achtung, hier spricht die – nein nicht die Polizei, – sondern die achte Staffel der Denkzettel zu den Lesern und Leserinnen. Und hier ist wirklich Achtsamkeit geboten. Es geht gleich los im Denkzettel Nr. 71. Achtung, aufgepasst und nicht geträumt! Auch wenn es sich so fein lebt in Wolkenkuckucksheim. Da lässt man uns sowieso nicht rein. Wenn wir nicht aufpassen, gibts kein Fest und jede Großstadt wird bald zum verschlafenen Nest. Das haben wir leider schon erlebt, dass man uns alle Stühle hochstellt.

Und dann heißt es wieder: Achtung, aufgepasst, wenn uns ein Frieden im Eierkuchengesicht angedreht wird. Trauen Sie solch einem Frieden? Achtung heißt auch Achtung sich selbst gegenüber und vor jedem Menschen.

Und bei allem, was uns erzählt wird, sollten wir bitte schön darauf achten, was uns dabei durch sprachliche Tricks alles untergejubelt wird. Ist es positiv, negativ oder weder noch? Bleiben wir dabei im Ungewissen? Achten Sie auf die Sprachgesetze und beachten Sie auch, was bei der Angelegenheit am Ende für Gesetze rauskommen!

Gehören Sie zu den Alles-Richtig-Denkenden oder zu den Alles-Anders-Denkenden? So, so. Achtung, wenn Ihnen auf einmal schwindlig wird, kann es sein, dass man Sie in die Gehirnwaschmaschine gesteckt hat. Und wer weiß, wie Sie da wieder rauskommen? Wenn Sie Glück haben, war das nur zu Testzwecken.

Wenn Sie lange genug leben, dann können Sie bis zu viermal Jubiläum feiern. Alle Achtung! Das ist beachtlich! Aber ist das für Sie auch ein Grund zum Jubeln? Wenn Sie die Engel singen hören, ist das sicher ein Grund zur Freude und zum Jubeln.

Manchmal geht es einfach nicht so recht vorwärts. Und ehe Sie sich versehen, stecken Sie im Stau. Achten Sie beizeiten auf den Verkehrsfunk? Dann heißt es wieder: Achtung, Vorsicht, das Stauende befindet sich in einer Kurve! Doch wenn sie da erst mal angekommen sind, ist das für Sie erst der Anfang vom dicken Ende. Und dann merken Sie bald, wo Sie noch alles feststecken können.

Achten Sie immer auf die Worte, die man an Sie richtet? Oder muss man sich bei Ihnen den Mund fusselig reden? Sie müssen den Besen ja nicht gleich fressen, aber beizeiten sollten Sie ihn schon mal schwingen, wenn Sie reinen Herzens bleiben wollen.

Eigentlich sollten Sie den achten Denkzettel in diesem Buch einfach überspringen, dennoch erfordert er eine besondere Beachtung. Der Grund wurde schon am achten Schöpfungstag gelegt, als Gott den Baum der Erkenntnis in die Welt setzte. Seitdem heißt es für die Menschen: aufpassen, was uns vorgedacht wird und was wir lieber sein lassen sollten. Damit es Ihnen nicht schwerfällt zu unterscheiden zwischen falsch und richtig, nehme ich da mal kein Blatt vorm Mund und spreche eine deutliche Sprache. Achtung! Lassen Sie sich nicht irritieren!

Achtung! Gar nicht selber denken ist auch keine Lösung. Auch wenn man diese Strategie ohne Wenn und Aber verfolgt.

Den krönenden Abschluss bildet eine Entscheidung, die Sie weder auf achzig noch zur Sucht bringt, sondern Ihnen Selbstachtung erlaubt.

Auf jeden Fall wünsche ich Ihnen oder Dir– wie immer – viel Spaß beim Lesen. Es grüßt Sie, es grüßt Dich ganz herzlich Ihr, Dein

Norbert Wickbold

Ach was lebt sichs fein, in Wolkenkuckucksheim!

Heilkunst und FarbenPracht©

Norbert Wickbold
Denkzettel Nr. 71

Ach was lebt sichs fein, in Wolkenkuckucksheim!

Als ich den Titel dieses Denkzettels verfasste, stutzte ich kurz, ob ich »*im*« oder »*in*« schreiben sollte. Würde ich »*im*« schreiben, ginge es lediglich um ein einzelnes Haus. Bei dem von mir gemeinten Wolkenkuckucksheim handelt es sich jedenfalls nicht um ein abgelegenes Luftschloss eines Einzelnen, sondern um einen vielbevölkerten Ort. Denn dort müssen sich derzeit sehr, sehr viele Menschen aufhalten. Das wird sicher ein besonderer Ort sein, denn er übt auf immer mehr Menschen eine große Anziehungskraft aus. Besonders unter Personen, die sich in Wissenschaft sowie Politik und Medien einen Namen gemacht haben, erfreut sich dieser Ort einer hohen Beliebtheit.

Seit meinen frühen Kindertagen interessiere ich mich für besondere Orte. Mein Vater erzählte mir zum Beispiel Geschichten vom Schlaraffenland. Oder er spielte gerne auf seinem Tonbandgerät Seemannslieder ab. In einem dieser Lieder beeindruckte mich besonders die Zeile: »*Alles, was du sonst nicht kannst, das kannst du auf St. Pauli!*« In meiner kindlichen Fantasie malte ich mir aus, was ich wohl alles auf St. Pauli können würde. Dabei dachte ich mehr an Fähigkeiten, die ich dort haben oder erwerben würde. Ich hatte mir weder etwas Böses, noch etwas Unanständiges dabei gedacht. Inzwischen weiß ich, der Liedermacher fasste völlig andere Fähigkeiten und Möglichkeiten ins Auge, als ich. Damals hatte ich mir gewünscht, ich wäre ganz schlau und wüsste über alles genau Bescheid. Alle großen Leute sollten zu mir kommen und mich um Rat fragen. Gleich nach meinem 18. Geburtstag war ich wirklich auf St. Pauli. Und zwar am helllichten Tag! Damals war da bloß ein betrunkener Mann, der mir unbedingt zehn Mark schenken wollte. Die hatte ich natürlich angenommen. So war der Weg wenigstens nicht ganz umsonst gewesen. Denn die Fähigkeit, alle großen Fragen beantworten zu können, habe ich von dort nicht mitnehmen können. Leider konnte ich sie trotz großer Anstrengung auch nirgendwo anders erlangen. Obwohl meine Tante davon überzeugt war, das in mir schlummernde Talent schon früh erkannt zu haben, und sowohl meiner Mutter als auch mir immer wieder versicherte, ich würde bestimmt mal Professor, habe ich es leider nur bis zum Brotfresser gebracht. Und das, obwohl ich mich wirklich zu vielen Themen schlaugemacht hatte. Aber schlau sein, alleine genügt nicht. Man muss auch von sich reden machen. Sonst denken die Leute höchstens, man würde nur Luftschlösser bauen. Oder eben in Wolkenkuckucksheim leben. Es gab andere, die es sich auch gewünscht haben, ganz schlau zu werden. Und die haben es tatsächlich geschafft Professor, bzw. Professorin zu werden. Die sind jetzt nicht nur schlau, sondern die können auch schlau reden.

14

Professoren gelten nämlich automatisch als Experten. Sie werden ständig in Talkshows eingeladen und können alles sagen, was sie denken. Sie äußern ihre Meinung frei raus und schon wird das Gesagte zu einem unumstößlichen Gesetz. Und nicht nur das. Sie sagen in einer Tour: *Ich glaube, dass es sich wohl so verhält.* Obwohl sie sagen, was sie glauben, glauben die anderen, was sie sagen und meinen, das sei exaktes Wissen. Und schon gilt alles Gesagte als bewiesene Tatsache. Das Wort eines Professors hat Gewicht. Professoren sind wahre Schriftgelehrte. Sie können die heiligen Schriften ihrer Wissenschaft für uns deuten. Wenn in der Weltgeschichte gerade etwas völlig neu anfängt, können diese Experten sofort erklären, wie die Sache weitergeht, bzw. wo das Ganze hinführen wird. Dabei stützen sich all ihre Erkenntnisse auf Studien, die sie oder andere Professoren in naher oder ferner Vergangenheit machten. Lange bevor das Problem überhaupt existierte. Und auch bevor sie selbst etwas davon ahnten. Weil wir anderen nicht weiter wissen, sollen die Professoren etwas Schlaues sagen und alles erklären. Wir verstehen die Angelegenheit zwar nicht, aber wir haben eine schlaue Erklärung dazu gehört. Ein Professor muss das ja wissen!

Niemand fragt: Woher weiß der/die das überhaupt? Wie soll das möglich sein? Das fragt man einfach nicht. Doch, ich frage das! Und weil ich immer noch nicht

15

schlau genug geworden bin, frage ich sogar noch mehr. Ich möchte zum Beispiel der Frage nachgehen, was einen Experten zum Experten macht. Und ich möchte wissen, ob oder durch welchen Umstand ein Nichtexperte doch noch zum Experten werden kann. Und die Frage ist auch, ob das dann spontan geschieht oder eher allmählich vonstatten geht? Zu guter Letzt bleibt die Frage, warum wir anderen glauben, auf ewig Nichtexperten bleiben zu müssen und wohl immer auf Experten hören müssen? Wieso eigentlich? Weshalb soll ich, nur weil ich kein Professor bin, nie zum Experten werden können? Ich arbeite in meinem Beruf schon seit 30 Jahren. Dennoch würde niemand auf die Idee kommen, mich aufgrund meiner Profession als Experte zu bezeichnen. Dabei habe auch ich schon wer weiß was gedacht – aber eben nur im stillen Kämmerlein. Ja und deshalb habe ich schon vor Jahren angefangen meine Gedanken aufzuschreiben und daraus schließlich die Denkzettel gemacht. Ich behaupte: Im Denken bin ich Spezialist. Um nicht zu sagen Experte. Nur eben kein Professor und kein großer Redner vor dem Herrn. Das Denken lässt mich nicht mehr los. Wahrscheinlich ist es der Neid des Besitzlosen, weshalb ich mich jetzt kurzerhand selbst zum Experten für Professorologie ernannt habe. Wenn kein anderer den Experten in mir erkennt, muss ich mich eben selbst dazu ernennen. Denn ich will nicht mehr am Rande stehen und nur zuschauen.

Ich will mitreden! Das kann ich durchaus! Und hier kommt, was ich über Professoren herausgefunden habe. Je nach Bedarf kann man zwischen zwei Arten von Professoren wählen. Um etwas durchzusetzen beauftragt man einen Befürworter, um etwas zu blockieren einen Widersprecher. Außerdem haben wissenschaftliche Studien erwiesen, dass die größte Effizienz besteht, wenn der beauftragte Professor gleichzeitig ein Prophet ist. Er prophezeit ein riesengroßes Unglück und erklärt uns, was wir tun müssen, um das zu verhindern. Sicherheitshalber haben die Professoren sich unbemerkt, ins Exil begeben. In ein Exil das keinen besseren Namen tragen könnte, als Wolkenkuckucksheim. Wer wie sie glaubt, über allem zu stehen, ist bald ganz und gar dorthin abgehoben. Schließlich heißt es in dem Lied von Reinhard May: »*Über den Wolken muss die Freiheit wohl grenzenlos sein.*« Fliegen die denn heimlich in ihr Wolkenkuckucksheim? Alle Meldungen über Wolkenkuckucksheim müssen als Fake News getarnte Wahrheiten bezeichnet werden. Wolkenkuckucksheim ist nicht über, sondern in den Wolken. Deshalb sollen wir ihnen ja alle Daten über die Vorgänge auf der Erde in die Cloud schicken. Von dort aus steuern die Experten das Leben hier unten. Das einst idyllische Wolkenkuckucksheim haben sie inzwischen zu einer Art Mondbasis ausgebaut. Für normale Erdenbürger nicht mehr zugänglich, werden dort unentwegt geniale Lösungen erfunden. Sobald die Experten diese gefunden haben, beschießen sie uns hier unten mit Problemen, die wir ohne sie nie gehabt hätten. Ohne ihre Lösungen, werden wir diese Probleme nie mehr los. Zwischendurch schweben die Professoren aus ihren Wolken zu uns auf Erden als rettende Engel. Oder als Verkündigungsengel. Immer ein: *»Vom Himmel hoch da komm ich her«* auf den Lippen. Und dann bringen sie uns ihre neue Mähr. In ihren Märchen verkünden sie Wunder, die sich in Wirklichkeit eher als Schauermärchen erweisen. Mit ihrem Adlerblick von Wolkenkuckucksheim aus sehen sie alles Mögliche und Unmögliche Unheil auf uns zukommen. Sie warnen uns unentwegt vor neuen Gefahren und schicken uns gefährliche Erreger, um unsere Gemüter zu erregen.

Ich frage mich, ob die Professoren, die uns in den Medien präsentiert werden, sich nicht selbst eher als Propheten verstehen. Mit ihren Kassandrarufen drohen sie uns mit einem Untergang, der unausweichlich eintritt, wenn wir ihre Warnungen in den Wind schlagen. Aus dem unscheinbaren Wolkenkuckucksheim haben wir uns leider unbemerkt lauter Kuckuckseier ins Nest legen lassen. Jetzt sind die ausgeschlüpft und haben uns aus dem Nest geworfen. Nachdem wir uns erfolgreich haben vertreiben lassen, werden wir als Nestbeschmutzer beschimpft. Warum haben die uns hier unten alle Stühle hochstellen lassen? Sie selbst haben ihren Wohnsitz auf dem Boden der rauen Tatsachen aufgegeben und Wolkenkuckucksheim zum Erstwohnsitz gemacht. Für sie gilt: Ach was lebt sichs fein in Wolkenkuckucksheim! Da für sie hier unten nichts mehr zu holen ist, haben sie uns die Stühle hochstellen und die Lokale schließen lassen.

Vor über einem Jahr da hieß es: Hoch die Tassen!
Doch was jetzt geschieht, kann ich kaum fassen.
Heute heißt es nur noch: Hoch die Stühle,
und halt dich fern von jedem Gewühle!
So werden die Stühle alle hochgestellt
und wir leben in unserer eigenen Welt.
Haben wir unsere Lieben auch noch so gern,
aus Furcht vor Strafe bleiben wir ihnen fern.
Wir dürfen nicht mehr küssen, singen oder lachen,
nur was die Experten wollen, dürfen wir machen.
Unser Lächeln müssen wir hinter Masken verstecken,
gepiesackt zu werden, danach sollen wir uns recken.
Und lässt man uns hier nicht mehr menschlich sein,
ziehen auch wir nach Wolkenkuckucksheim.
Dann schmeißen wir die ganzen Experten da raus
und sind endlich wieder selbst Herr im Haus.
Wir stellen die Stühle wieder auf die Erde,
auf das diese endlich menschenwürdig werde.

BACKE, BACKE KUCHEN, FRIEDE, FREUDE EIERKUCHEN DER BÄCKER HAT GERUFEN!

Heilkunst und Farbenpracht©

Norbert Wickbold
Denkzettel Nr. 72

Backe, backe Kuchen,
Friede, Freude, Eierkuchen,
der Bäcker hat gerufen!

Friede, Freude – aber warum ausgerechnet Eierkuchen? Wenn wir uns über den Frieden, den wir irgendwann mal geschenkt bekamen, freuen wollen, dann werden wir plattgemacht und gleich in die Pfanne gehauen. Und dann verpasst man uns ein Eierkuchengesicht. Wenn auch ein Lachendes. Das lacht, weil es lachen soll. Und warum soll es lachen? Damit es die Macher zufriedenlässt und froh ist, wenn es vom Eierkuchenbäcker verbraten wird.

Und dann hat der Bäcker uns gerufen. Neulich hatten wir in unserer Firma ein ganz besonderes Ereignis. Der oberste Chef hatte seine Arbeitstiere zu sich geladen. Nein, der kam sogar zu uns. Ich war beeindruckt, wie besorgt der um uns war. Das war nach 20 Jahren meiner Betriebszugehörigkeit die erste Begegnung. Sicher hatte er es geahnt, wie schwer es uns fallen würde, unserer geliebten Arbeit für diese Zeit fernbleiben zu müssen. Auf jeden Fall hatte er sich eine ganze Stunde Zeit genommen. Solch eine Stunde ist einerseits schon lang, aber nicht so lang, dass einem die wichtigen Fragen einfallen. Die Einfälle kommen meist erst viel später, wenn alles vorbei ist. So saßen wir die meiste Zeit da und warteten erst einmal ab, was passieren würde. Aber viel passierte da nicht. Der Chef wartete nämlich auch ab, ob wir ihm vielleicht etwas zu sagen oder zu fragen hätten.

Für die anwesenden Mitarbeiter war diese Stunde effektiv eine Überstunde, die jeder/r von ihnen mit ca. 15 € Stundenlohn vergütet bekam. Der Chef, der bekanntermaßen unentwegt Spitzenleistung vollbringt, hatte in dieser Zeit seinen Spitzenstundensatz verdient. Und der beträgt, – das weiß ich aus Erzählungen – in manchen Fällen das 300 oder gar 400-Fache. Wie hoch der bei unserem Chef tatsächlich ist, weiß ich natürlich nicht. Wer weiß schon, was sein Chef verdient? Obwohl ihn die gesamte anwesende Belegschaft beobachtet hatte, war niemandem aufgefallen, dass er in dieser Zeit irgendetwas Wertvolleres vollbracht hätte, als irgendein anderer der Anwesenden. Wie war das noch mal? Gleicher Lohn für gleiche Arbeit? Unser Chef hat selbstverständlich jederzeit die Möglichkeit, sich einen genauen Überblick über den Verdienst seiner Mitarbeiter und somit auch über meinem Verdienst zu verschaffen. Als ein ihm unterstellter Mitarbeiter habe ich jedoch keinerlei Chance zu erfahren, welches Einkommen ihm von der Firma gewährt wird. Außerdem frage ich mich, wieso sind wir eigentlich »seine« Mitarbeiter? Wenn ich überhaupt jemandem gehöre, dann nur mir selbst.

Bei diesem Treffen wollte unser Chef mit uns ins Gespräch kommen, um seinen Angaben zufolge etwas über uns zu erfahren. Doch so richtig wollte sich kein Gespräch entwickeln. Bisher war es tatsächlich so, dass sich die hohen Tiere nur in die Niederungen der schmutzigen Arbeit gewagt hatten, wenn sie uns direkt über die, über unsere Köpfe hinweg, entschiedenen Änderungen, in Kenntnis setzen wollten oder dies nunmal mussten. Denn schließlich wollten diese Herrschaften ja etwas von uns. Wir sollten gleich dafür unterschreiben, dass wir uns dazu verpflichten, fortan ihre Vorgaben eins zu eins, also wie sie sich das ausgedacht hatten, umzusetzen. Denn wir sind im übertragenen Sinne der Kompost für die geistigen Abfälle der Küchenchefs. Was auf unserem Haufen landet, müssen wir umsetzen. Wir sorgen dafür, dass am Ende was Gescheites rauskommt und wenn wir es richtig umsetzen, stimmt auch beim Chef der Umsatz. Auch wenn bei der geistigen Arbeit auch nur sprödestes Stroh abfällt, müssen wir, wie die arme Müllerstochter im Märchen Rumpelstielschen es zu funkelndem Gold verarbeiten. Doch mit dem Gold umzugehen, dafür sind unsere Hände bei Weitem nicht chic genug. Bei alledem sollen wir auf jeden Fall immer friedlich und fröhlich sein. Deshalb bekommt jeder Einzelne von den Herrschaften da oben ein einheitliches Eierkuchengesicht verpasst.

In unseren Händen sieht das Gold nicht würdevoll aus. Das ist eher etwas für Personen in Amt und Würde. Bei uns steht die Würde durchaus hoch im Kurs. Sagt unser Chef. Und das sagt auch das Leitbild, das der Chef für uns gemacht hat. Würde hat bei uns ein hohes Ansehen. Deshalb würde bei uns jeder Kollege, was im Leitbild steht, ohne Weiteres unterschreiben: *»Ich achte die Würde eines jeden Menschen.«*

Und dennoch bleibt die Frage: Wer achtet unsere Würde wirklich? Wer achtet meine Würde? Wer achtet Ihre Würde? Achten Sie ihre Würde? Achte ich meine eigene Würde? Was gibt Ihnen Würde? Wer gibt Ihnen Würde? Was macht Sie würdevoll? Wodurch werden Sie würdevoll?

Um das abschließend richtig beurteilen zu können, beantworten Sie bitte die folgenden Fragen. Sie müssten mindestens 25 Fragen ankreuzen, um einen positiven Bescheid zu bekommen.

○ Würden Sie so gut sein?
○ Würden Sie so frei sein?
○ Würden Sie mir einen Gefallen tun?
○ Würden Sie so liebenswürdig sein?
○ Würden Sie es mir zu liebe tun?
○ Würden Sie sich für mich einsetzen?

○ Würden Sie für mich ein gutes Wort einlegen?
○ Würden Sie sich für diese Sache einsetzen?
○ Würden Sie das auf sich nehmen?
○ Würden Sie sich das trauen?
○ Würden Sie mir das zutrauen?
○ Würden Sie mir vertrauen?
○ Würden Sie mir das anvertrauen?
○ Würden Sie sich auf mich verlassen?
○ Würden Sie gern ein gutes Werk tun?
○ Würden Sie das auch noch machen?
○ Würden Sie so weit gehen?
○ Würden Sie bis zum Äußersten gehen?
○ Würden Sie alle Schranken fallen lassen?
○ Würden Sie für mich einspringen?
○ Würden Sie sich dazu erweichen lassen?
○ Würden Sie etwa *Nein* sagen?
○ Würden Sie sich dazu herablassen?
○ Würden Sie mir bitte mal zuhören?
○ Würden Sie sich bitte nicht so anstellen?
○ Würden Sie sich bitte ganz hinten anstellen?
○ Würden Sie es auch für weniger machen?
○ Würden Sie das mit sich machen lassen?
○ Würden Sie hier bitte unterschreiben?

Wenn wir Ihnen Ihre Würde noch nicht zukommen lassen, würden Sie das akzeptieren? Das würden Sie sicherlich verstehen. Wie wahren Sie Ihre Würde? Ist

Ihre Würde unantastbar? Oder ist Ihre Würde unbegreifbar? Was ist unter Ihrer Würde? Oder sogar unter aller Würde? Sieht das wirklich würdevoll aus? Was ist würdevolles Altern? Wann ist das Maß der Würde voll? Wie hoch ist die Hürde zur Erlangung der Würde? Warum bleibt am Ende hauptsächlich eine Bürde?

Hätte mir noch vor einem Jahr jemand das erzählt, hätte ich ihm nicht geglaubt. Aber wer würde es auch glauben, dass der oberste Chef kommt und fragt: Was würden Sie dazu sagen? Wenn Sie was zu sagen hätten, was würden Sie dann sagen? Was würde geschehen, wenn Sie etwas zu sagen hätten? Was würden Sie tun, wenn man es Ihnen erlauben würde? Wissen Sie was? Wenn mein Chef kommen würde, um mich zu fragen, was ich machen würde, wenn..., dann wüsste ich nicht einmal, was ich dann sagen würde. Ich wüsste gar nicht, ob mir dann das Richtige einfallen würde. Ja und so war das dann auch. All die Kolleginnen und Kollegen, die sonst, wenn sie zu zweit oder zu dritt waren, schimpften wie die Kesselflicker, die wussten, als der Chef da war und sie den Mund aufmachen konnten, allesamt nichts zu sagen. Selbst die, die immer auf Krawall gebürstet sind, waren jetzt völlig friedlich. Schließlich haben sie doch etwas gesagt. Sie haben gesagt, dass sie sich freuen, den Chef persönlich begegnet zu sein und vor allem, dass sie hier arbeiten dürfen. Es sei der schönste

28

Arbeitsplatz und sie seien stolz, hier zu arbeiten. Ich dachte, wie schnell die plötzlich alle ihren Frieden gemacht hatten. Und so ging der Chef in der Gewissheit nach Hause, dass hier alle glücklich und zufrieden ihre Arbeit mit Freude tun. Am Ausgang bekam jeder eine Plakette mit einem Eierkuchengesicht und dem Spruch:

Friede, Freude Eierkuchen, der Bäcker hat gerufen.[1]

Ist das die Wahrheit, die uns Würde gibt? Oder bin ich zu romantisch, wenn ich an Novalis denke:
Der Mensch besteht in der Wahrheit.
Gibt er die Wahrheit preis,
so gibt er sich selbst preis.
Wer die Wahrheit verrät,
verrät sich selbst.

Bleibt zu fragen: Wenn alles, was sonst nie geschehen »würde«, endlich wahr würde, würde dann auch die Würde wahr? Fühlen Sie sich manchmal auch so würdeleer? Wie werden Sie dann wieder würdevoll? Zu guter Letzt tragen wir mit uns die größte Bürde in Frieden und mit Stolz und Würde.

---

1 Ich würde möglicherweise Ärger bekommen, wenn ich es unterlassen würde, darauf hinzuweisen, dass, sollten hier beschriebene lebenden Person oder Institution Ähnlichkeit mit solchen im realen Leben aufweisen, dies einen reinen Zufall darstellen würde.

Was bitte schön, ist eine »viel weniger seltene Häufigkeit«?

Norbert Wickbold
Denkzettel Nr. 73

Was bitte schön, ist eine »viel weniger seltene Häufigkeit«?

In meinem viertem Denkzettel äußerte ich, die babylonische Sprachverwirrung würde sich in unseren Tagen wiederholen. Dort zeigte ich auf, wie Sie mithilfe der Sprachmathematik auch schwierige Textpassagen durchschiffen können. Sie erinnern sich: Minus mal Minus ist Plus und Plus mal Plus ist auch Plus. In der Sprache handelt es sich um negative oder positive Bezeichnungen. Nur was machen Sie, wenn positiv und negativ gleich stark sind. Wie etwa in dem folgenden Satz:

Was bitte schön, ist eine viel weniger seltene Häufigkeit?

Zwei mal Minus und zwei mal Plus. Solche Formulierungen werden von einigen wenigen in den Sprachozean geworfen, geraten den Sprachfischern ins Netz und gelangen von da aus ins Vokabular. Dort werden sie zur Umgangssprache weiterverarbeit. Als umgangssprachlich gilt der Umgang mit Sprache durch Leute, die vom Umgang mit Sprache nichts verstehen. So kommt es, dass der verständliche Umgang mit Sprache nicht sehr umgänglich ist. Dennoch ist der neue Umgang bald für jedermann unumgänglich und somit in aller Munde. Manchmal handelte es sich um einen Zufallsfang oder um Sprachgymnastik eines Sprachkünstlers. Unter denen, die beruflich viel mit Sprache zu tun haben, gibt es wahre Sprachakrobaten, die scheinbar in der Lage sind, – rein sprachlich – Kunststücke zu vollbringen, die durchaus als Wort gewordene Kreaturen von M.C. Escher durchgehen könnten. Sie wissen schon: Treppen, bei denen Sie unentwegt nach oben steigen und dennoch völlig unerwartet wieder unten ankommen oder gar kopfüber und von unten auf der gleichen Treppe wieder zurücklaufen. Bis Sie dann eine ungeahnte Wendung vollführen und sich dort wiederfinden, wo Sie losgelaufen sind. Es wurde in seltenen Fällen sogar beobachtet, dass es einigen von ihnen gelang, sich selbst auf dem Kopf herumzulaufen – verbal – versteht sich!

Auch wenn mir manchmal das Formulieren der Denkzettel einiges Kopfzerbrechen bereitet, weiß ich nicht, ob ich diese Sprachakrobaten wirklich beneide. Schließlich möchte ich mich selbst dafür entscheiden, ob ich in einen Zircus gehe und den Artisten Beifall klatsche oder ob ich mich über einen Sachverhalt aufklären möchte. Wie oft habe ich mir sagen lassen müssen, dass ich laut und deutlich sprechen soll. Und ich soll mich klar und verständlich ausdrücken. Deshalb habe ich mich bisher bemüht, mit wenig Worten viel zu sagen und mit einfachen Worten komplizierte Zusammenhänge verständlich zu machen. Deshalb bin ich Ihnen noch eine Erklärung schuldig. Und zwar zu der Frage: Wie können Sie damit umgehen, wenn Sie auf eine Aussage stoßen, die sich selbst wieder aufhebt, also, die im gleichen Maße positiv wie negativ ist? Hierzu ein Beispiel aus der jüngeren deutschen Geschichte:

Mit überwiegender+ Wahrscheinlichkeit+ existieren die fehlenden – Milliarden Euro+ gar – nicht –.

Drei mal Plus, drei mal Minus. Mathematisch ist das eine Gleichung mit vielen Unbekannten. Der Fall liegt hier klar auf der Hand, denn es handelt sich um eine klassische Nullrechnung. *Existieren* ist hier als neutral zu betrachten. Positives und Negatives heben sich gegenseitig auf, sodass am Ende von beiden nichts übrig bleibt. Gerade das soll ja mit dem aus der Finanzwelt stammenden Satz belegt werden. Die Milliarden Euro fehlen nicht, weil sie gar nicht existieren! Wieder einmal konnte mithilfe der Sprachmathematik ein zunächst verworren und kompliziert wirkender Sachverhalt auf einfache und für alle verständliche Weise aufgeklärt werden. Also immer, wenn Sie etwas verschwinden lassen wollen oder – wie man umgangssprachlich sagt – weghaben wollen, machen Sie mit der Sprachmathematik eine Nullsummenrechnung auf. Je mehr positive und negative Wörter Sie ins Spiel bringen, desto unübersichtlicher wird die Angelegenheit. Und um so mehr sind anschließend alle erstaunt, wenn Sie das Problem wie durch Zauberhand verschwinden lassen können. In diesem Fall haben sich die Luftbuchungen quasi von selbst in Luft aufgelöst.

Dieser Fall führt mich zu einer Frage, die mich schon seit vielen Jahren beschäftigt:

Was genau versteht man unter einer Ergänzungsabgabe?

Wenn die Menschen, die beim Finanzamt arbeiten, sich auch mit vielen Bereichen des täglichen Lebens nicht so auskennen mögen; mit Zahlen und Rechnen kennen sie sich aus. Um so mehr verwunderte es mich, dass sie jahrelang mit einer Ergänzungsabgabe rechnen mussten. Der Schwerpunkt des Wortes lag natürlich auf der Abgabe! Eine Ergänzung ist positiv und mathematisch ein Zuziehen, also eine Summenbildung. Eine Abgabe ist negativ, eben ein Minusgeschäft, denn sie wiederum bezeichnet ein Abziehen. Das ist ein Widerspruch an sich. Das haben die Entscheider dann irgendwann auch erkannt und diese Abgabe wieder abgeschafft. Ohne Ergänzung!

Die Experten wollen das alles immer besser steuern. Und so haben sie einfach neue Steuern eingeführt. Ich weiß nicht so genau, wann die Mehrwertsteuer zu uns kam. Irgendwann war sie einfach da. Die Finanzminister behaupteten fortan, dass alle Waren und Dienstleistungen mehr Wert seien, als das, was die Vertragspartner miteinander ausmachten. Und deshalb müsse der Kunde diesen Betrag zusätzlich bezahlen und der Verkäufer muss ihn dann an das Finanzamt abführen. Hier gebe ich zu, dass der Finanzminister recht hat, denn sprachmathematisch überwiegt bei der $Mehr^+Wert^+Steuer^-$ klar das Positive. Sobald daraus die $Mehr^+Wert^+Steuer^-Abgabe^-$ wird, verwandelt sich das Ganze in eine Nullsummenrechnung. Wer jedoch damit rechnet, dass das Finanzamt das nicht merkt, wenn er einfach nichts abführt, also keine Mehrwertsteuer bezahlt, bekommt zwar kein Abführmittel, muss aber damit rechnen, dass er selbst bald abgeführt wird. Ganz amtlich! Das zurückgehaltene Geld wird er alles wieder verlieren. Ein Reporter fragte solch einen armen Sünder: Sie haben viel Geld verloren, wie können Sie das wegstecken? Darauf die entrüstete Antwort: Ich hab das nicht weggesteckt, sondern verloren! Im Gegensatz zur sprachlichen Nullsummenrechnung geht hier wirklich etwas verloren.

Aber Sie haben sicher längst bemerkt, dass ich die Sache nicht ganz so todernst nehme. Höchstens halb todernst. Halb todernst? Mit dem Tod spaßt man doch nicht! Auch nicht mit halbtot. Für einen Halbtoten ist das jedenfalls kein Spaß. Aber ich habe doch mit keinem Sterbenswörtchen von Halbtotspaß geredet. Ich habe immer nur von Halbtoternst gesprochen! Ich glaube ich wechsel lieber das Thema, da kommt einfach kein Spaß auf. Ich hätte nicht übel Lust, mir eine Freude zu bereiten. Was denn nun: Übel oder Freude? Das ist manchmal gar nicht so genau auszumachen.

Da erklärte mir neulich ein Freund, er habe Angst davor, eines Morgens aufzuwachen und dann sei er tot. Ich versuchte ihn zu beruhigen, indem ich beteuerte, dass er das sicherlich nie erleben werde.

Weil mit einer zunehmenden Abnahme zu rechnen ist, präsentieren uns kahlköpfige Macher allen Ernstes ein haarsträubendes Konzept für ein neues Wachstumsbeschleunigungsgesetz. Dennoch kommt es zum ständig sinkenden Steuerezuwachs. Dem soll durch ein Steuerumgehungsbekämpfungsgesetz begegnet werden. Hier ist völlig unklar, ob das als positiv oder als negativ einzustufen ist, denn ich frage mich, ob die Gesetzgeber wirklich daran glauben, mit ihren Gesetzen die Welt vom Negativen zu befreien und sie positiver zu machen. Sie haben uns zwar ein Cannabis-Eigenanbau-Verhinderungsgesetz beschert, aber wo bleibt für den ganzen Mist das Saustallbereinigungsgesetz? Wie wäre es denn mal mit einem Lottogewinnbeschleunigungsgesetz. Das fände ich durchaus positiv. Wichtiger wäre mir aber ein universales Geistiger-Horizont-Erweiterungsgesetz. Wissen die Gesetzgeber, was wirklich richtig ist? Während sie sich selbst gerne als Wichtigtuer sehen, suchen wir unter ihnen die Richtigtuer bis heute oft vergebens. Und was heißt es, wenn behauptet wird, sie würden fieberhaft an der Lösung arbeiten? Wer wirklich Fieber hat, lässt sich krankschreiben und bleibt der Arbeit fern bis er sein Fieber auskuriert hat. Oder soll hier zum Ausdruck gebracht werden, dass die betreffenden Personen sich jetzt wirklich genötigt sehen, so schwer zu arbeiten, dass sie ins Schwitzen kommen? Vielleicht läuft ihnen der Schweiß nur so von der Stirn, weil sie die Lösung einfach nicht finden können. Das tut mir leid für sie. Wir sollen jedenfalls glauben, dass die mit der größtmöglichen Anstrengung arbeiten. Das wir anderen das unentwegt tun, haben die bis heute nicht bemerkt. Und bislang haben die mit uns auch kein Mitleid gehabt. Des einen Freud, des anderen Leid. Auch eine Art Nullsummenrechnung. Ich bin denen jedenfalls nichts schuldig. Das bringt mich zu meiner vorerst letzten Frage: Was hat es eigentlich mit der viel zitierten Schuldenbremse auf sich?

Hui! Wenn die Schulden steigen und steigen,
bringen wir die Gläubiger zum Schweigen,
dann muss eben eine Schuldenbremse her.
Und werden die Probleme dadurch mehr
muss die Schuldenbremse flugs wieder weg
und das Staatsäckel schlägt erneut ein Leck.
Bekommen wir die Probleme anders nicht los
zeigen wir der Welt: wir sind einfach famos,
weil wir dem jetzt einen Riegel vorschieben:
Problembeseitigungsgesetz, § eins bis sieben!

Wer weiß, ob die Hirngespinste in der Gehirnwaschmaschine wirkich rausgehen?

Heilkunst und FarbenPracht©

Norbert Wickbold
Denkzettel Nr. 74

Wer weiß, ob die Hirngespinste in der Gehirnwaschmaschine wirklich rausgehen?

Früher genügte es tatsächlich noch zu bekennen: Ich bin ein Berliner! Heute muss ich sagen: Ich bin ein Rechts-Links-Drehender-Radikal-Extremistisch-Esoterischer-Verschwörungstheoretiker! Aber kann ich mit solch knappen Worten wirklich beschreiben, was dahinter steckt? Wo gibt es denn so was? Nach Expertenangaben erleben wir gerade eine Flut von solchen Typen beiderlei Geschlechts (m, d, w). Die wissenschaftlichen Studien untergliedern außerdem nach Alter, Herkunft, Bildung und Himmelsrichtung. Jedenfalls verbreiten die sich wie die Viren. Und der Vergleich ist durchaus treffend. Denn die laden besonders gerne andere ein, um bei ihnen anzudocken: Impfgegner, Mobilfunkgegner, Pharmaziegegner, Rüstungsgegner, Globalisierungsgegner, Klimawandelleugner, Mondlandungsleugner, Umwelt- und Tierschützer und Homöopathen. Ach, man kann sie ja gar nicht alle aufzählen. Das fing schon damals mit den Atom-Gegnern an. Als Kind lernte ich in der Schule, dass wir alle aus Atomen bestehen. Unser Lehrer erklärte uns: Wenn hier im Klassenzimmer der Atomkern wäre, dann würde erst hinten auf dem Sportplatz in der Sandkiste für den Weitsprung das erste Elektron zu finden sein. So viel Leere sei dazwischen. Vielleicht war das der Grund

dafür, dass man damals bei den Atomkraftgegnern diese
Leere vermutete und deshalb für die Kraft eine Leerstel-
le bzw. einen gedankenlosen Strich setzte: Atom-Geg-
ner. Aber zurück zu den heutigen Herausforderungen.
Es gibt wie eh und je eine schweigende Masse, die von
wenigen Rednern angeführt wird. Ihnen gelingt es jeden Tag aufs Neue ohne viele Worte zu machen, aber
unter Verwendung meist drastischer Bilder eben diese
schweigende Masse in ihren Bann zu ziehen. So wurde aus deren Angehörigen die sogenannten ARDs, die
Alles-Richtig-Denkenden. Lange Zeit funktionierte
das ganz gut. In unseren Tagen sind die erschreckender-
weise zur Minderheit geworden. Die ARDs sehen sich
von einer ständig wachsenden Zahl Feinden umgeben.
Denn es ist zu einer regelrechten Krankheit geworden,
von der inzwischen auch bisher unbescholtene Bürger
befallen werden. Das Syndrom nennt die Fachwelt:
AAD. Dabei handelt es sich um einen Befall besonders der Hirnzellen, die für den gesunden Menschen-
verstand unerlässlich sind, wodurch selbst makellose
ARDs zu AADs mutieren. AADs sind demnach Alles-
Anders-Denkende. Einige der Befallenen bezeichnen
sich selbst als Alles-Alternativ-Denkende. Das ist inzwischen zur Schicksalsfrage geworden. Das schlimms-
te Los ist das Alternativlos! Denn von den Andersden-
kern oder Alternativdenkern ausgehend hat sich gegen
die Richtigdenker eine ungebremst wachsende Flut

44

von Falschmeldern verschworen. Die daraus hervorgegangenen Verschwörungserzähler haben sich allesamt dazu verschworen, die heile Welt ins Wanken oder gar zum Einsturz zu bringen. Als Verschwörungserzähler werden diese Verrückten bezeichnet, weil sie sich nunmal auf keine wissenschaftlich fundierte Theorie stützen können. Sie geben zwar vor, das zu können, aber sie berufen sich nur auf andere Verschwörungserzähler. Mit meinen Denkzetteln zähle ich naturgemäß zu den Alles-Alternativ-Denkern. Die richtige Erzählung ist und bleibt das Alleinstellungsmerkmal der ARDs. Und für die gilt: Verschwörungen lauern überall. Am meisten dort, wo man sie am wenigsten erwartet. Im Gegensatz zu den völlig unkontrollierbaren Verschwörungsgeschichtenerzählern, sprich Märchenerzählern – denn was anderes ist darin ja nicht zu erkennen, – verfügen die ARDs über expertengestützte Verschwörungs-Wissenschafts-Theorien. Dazu werden extra Doppelblindstudien entwickelt. Sie wissen schon: Eine Gruppe mit echten Verschwörungserzählungen und eine Kontrollgruppe mit Erzählungen, die unbemerkt gar keine Verschwörungen enthalten. Das muss für die Probanden natürlich im Verborgenen bleiben, sonst ist das ja nicht wissenschaftlich. Würde das, was den Menschen dort von den Wissenschaftlern erzählt oder gezeigt wird, von den Probanden alles für bare Münze genommen, würden sie in jedem Fall davon überzeugt sein, dass es

sich um keine Verschwörungstheorie handeln könne.
Hier beginnt schon das Problem. Wie soll sicher gestellt werden, dass diese Leute, denen »da draußen«,
nichts davon erzählen? Hier wäre es natürlich gut,
wenn es so etwas wie eine Gehirnwaschmaschine gäbe.
Da kämen nach dem Test alle Studienteilnehmer herein und dann wären sie nach der Behandlung genauso
reinen Herzens, wie sie vor der ganzen Aktion waren.
Und wahrscheinlich noch viel reiner, denn irgendeine Unreinheit bzw. Ungereimtheit schleicht sich im
Laufe des Lebens wohl bei jedem ein. Insofern wäre
die Behandlung in der Gehirnwaschmaschine praktisch jedem zu empfehlen. Vielleicht sollte das stan-
dardmäßig alle zwei Jahre für alle verpflichtend sein.
Wenn die Ergebnisse dieser Studie vorliegen, könnte
schon bald ein ganz neuer Forschungszweig entstehen.
Dabei geht es darum, eine einheitliche Theorie zu entwickeln. Die Wissenschaft der Verschwörungstheorie
soll erforschen, wie die vielen Verschwörungserzählungen in die Welt kommen. Und vor allem, wie man
sie wieder loswird. Was ist aber, wenn es sozusagen ein
Leck gibt, also wenn eine zu Versuchszwecken erfun-
dene Verschwörungstheorie unbemerkt aus dem Labor
entweicht, dann an die Öffentlichkeit gelangt und sich
fortan wie ein Lauffeuer ausbreitet? Dagegen müssen
Vorkehrungen getroffen werden, wenn es denn erforderlich sein sollte. Aber noch ist es ja nicht so weit.

Noch läuft alles nach Plan. Zunächst müssen erst einmal Verschwörungstheorien erfunden werden, damit sie zu einem späteren Zeitpunkt gezielt bekämpft werden können. Hier ist es wichtig, geeignete Gegenverschwörungstheorien zu entwickeln und sie treffsicher zum Einsatz zu bringen. Und zwar flächendeckend. Das kann allerdings einen Flächenbrand auslösen, der möglicherweise nur noch schwer unter Kontrolle zu bekommen sein könnte. Am besten wäre es auch hier, wenn in solch einer Situation so viele Betroffene wie möglich in die Gehirnwaschmaschine gesteckt werden könnten. Dazu bedarf es natürlich noch einer gehörigen Portion an Überzeugungsarbeit. Die gezielte Verbreitung einer wissenschaftsgestützten und bis dahin marktreifen Verschwörungstheorie könnte diese Arbeit leisten. Es gibt Berichte, wonach es tatsächlich schon eine marktreife Gehirnwaschmaschine gibt. Ob diese schon eingesetzt wurde, ist offiziell noch nicht bestätigt. Sicher werden schon bald die Leute vor der Gehirnwaschmaschine Schlangestehen. Dann muss die Produktion von Gehirnwaschmaschinen mit aller Kraft vorangetrieben werden, um eine flächendeckende Versorgung zu ermöglichen. Ein Grundrecht auf Behandlung in der Gehirnwaschmaschine muss her!

Für die den ARDs nahestehenden Personen ist es ohne Weiteres einsehbar, dass durch Andersdenken, und ebenso durch Alternativdenken die Verunsicherung zunimmt. Denn das Andersdenken ruft nach unentwegter und geradezu zügelloser Steigerung des Andersdenkens. Es führt, – so die einhellige Meinung – den Betroffenen direkt in das Reich der schwarzen Gedanken. Andersdenken stärkt die seelische Unruhe und vorbei ist es mit der häuslichen Gemütlichkeit des Farbfernsehens.

Es ist zu befürchten, dass sich so die schweigende Masse in kurzer Zeit zu einer kritischen Masse entwickeln wird. Und was dann passiert, da will ich lieber gar nicht dran denken. Da seh ich wirklich schwarz. Und dabei bin ich wahrscheinlich nicht alleine. Schwarze Gedanken, soweit das Auge reicht. Das sind ja schon ganz schön viele – oder sollte ich nicht lieber erschreckend viele – sagen? Bei den vielen schwarzen Gedanken werden die weißen und grauen Hirnzellen allesamt schwarz. Und dann dauert es nicht lange, bis die Betroffenen nur noch schwarz sehen können. Da hilft nur noch eins: Ab in die Gehirnwaschmaschine! Schwarze Gedanken werden darin weiß gewaschen. Anschließend kommen alle mit einer weißen Weste und vor allem mit einem von allen falschen, andersartigen bzw. entarteten und alternativen Denkinhalten reingewaschenem Gehirn wieder heraus. Sie sind dann praktisch wie ein unbeschriebenes Blatt. Allerdings nur fast.

Denn gewisse Grundfunktionen des Gehirns müssen natürlich erhalten bleiben.

Um zu testen, ob die schwarzen Flecken in den befallenen Hirnregionen wirklich rausgehen, gibt es so etwas wie einen Lackmustest. Man zeigt den Reingewaschenen die richtigen Nachrichten. Wenn sie diese uneingeschränkt akzeptieren, war der Reinigungsvorgang erfolgreich. Andernfalls muss der Waschvorgang wiederholt werden.

Die Gehirnwaschmaschine ist jedoch nicht ganz unumstritten. Seitdem Gerüchte im Umlauf sind, dass die ersten Versuche hierzu mit einem gewissen Herrn Alzheimer begonnen haben sollen, ist die Verunsicherung groß. Das ist allerdings nie nachgewiesen worden und dürfte in den Bereich der Legenden gehören. Dennoch gibt es Berichte, wonach es vorgekommen sein soll, dass Patienten nach mehrmaligem Durchlauf der Gehirnwaschmaschine unter Hirnschwund litten. Auffälligerweise sind gerade bei den AADs derartige Berichte sehr weit verbreitet. Wie so oft sind es gerade diejenigen, die es am dringendsten bräuchten, die sich am meisten dagegen sträuben. Dabei gibt es – ich wage es kaum zu sagen – eine Alternative zur Behandlung in der Gehirnwaschmaschine: Denkzettel lesen und vor allem Selbstdenken, damit liegen sie immer richtig!

Oh Jubilar, wird das für dich ein Jubeljahr?

Norbert Wickbold
Denkzettel Nr. 75

Oh Jubilar, wird das für dich ein Jubeljahr?

Ein alter Mann, dem es Spaß machte, mich jedes Mal wenn er mich sah, mit »*Witzbold*« zu begrüßen, sah seinem Jubiläum freudig und bei bester Gesundheit entgegen. Er wollte seinen hundertsten Geburtstag in gebührendem Umfang feiern. Im besten Haus am Platze sollte ein ganzer Saal extra nur für ihn und seine vielen Gäste angemietet werden. Doch dieser besondere Geburtstag lag nun mal in keinem Jubeljahr. Die Virusangst, die es nicht zuließ, dass irgendwo Spaß aufkommen könnte, musste jede Freude im Keime ersticken. Und so musste auch dieses Jubiläum geopfert werden. Trotzdem verlor der alte Mann nicht seine Lebensfreude und sagte mir bei unserer nächsten Begegnung: Dann muss ich eben meinen 110. Geburtstag richtig groß feiern.

Andere, denen es am 80., 90. oder 95. Geburtstag ähnlich ergangen war, riefen nur verbittert aus: Es ist zum Heulen! Und das, obwohl es immer hieß: Man soll die Feste feiern, wie sie fallen. Doch jetzt lässt man das Feiern einfach fallen – und zwar ins Wasser. In das viele Wasser, das sich ins Tal der Tränen flutartig ergossen hat. Bis in diese späten Jahre sind Jubelereignisse eher selten. Sie geschehen nur alle Jubeljahre einmal. Ehre, dem Ehre gebührt. Dennoch verstoßen die guten Christen gegen mindestens zwei der zehn Gebote:

Du sollst den Feiertag heiligen und *Du sollst Vater und Mutter ehren.* Jubel und Ehre gehören zusammen. Ja, und wie ist das mit den Menschen, die seit 25 oder 50 Jahren ihrem Mann bzw. ihrer Frau die Treue gehalten haben? Die haben das verflixte siebte Jahr gleich dreimal oder siebenmal überstanden oder besser gesagt, gemeinsam durchgestanden. Wie vieles ist uns gegeben worden? Wie vieles ist uns gelungen? Und dennoch haben wir so oft die Freude darüber verloren. Wer sagt noch Danke? Wer fängt wirklich an zu jubeln – oder, wie es in der Bibel heißt, zu jubilieren?

Ich kenne viele Menschen, die gejubelt hätten, wenn sie durch einen Lottogewinn zum Millionär geworden wären. Aber dieser Jubel war ihnen nicht vergönnt. Allein die Vorstellung eines solchen Ereignisses erzeugt in ihrem Inneren ein Gefühl des Glücks und der Freude. Für die meisten blieb das leider ein schöner Traum. Mein Nachbar gab seit fünfundzwanzig Jahren Woche für Woche seinen Lottoschein ab und bekam auch zu diesem Anlass keinen Extragewinn. Eine Millionen – das blieb selbst nach fünfzig Jahren ein schöner Traum!

Bei mir sind Jubeljahre noch seltener als Schaltjahre. Es gibt sie vielleicht erst nach 25, 50, 75 oder gar 100 Jahren. Also kann ich sie nur zwei oder höchstens dreimal oder bestenfalls noch viermal erleben. Aber warum ereignet sich in meinem Leben so selten etwas zum Jubeln? Ich hatte mir vor vielen Jahren eine Flasche Champagner gekauft, um für den Fall bereit zu sein, dass es unerwarteterweise zu einem Jubelereignis kommen sollte. Aber, der Jubel wollte und wollte keinen Anfang nehmen. Irgendwann habe ich den Schampus einfach so verjubelt. Wenn ich lange genug durchhalte, gibt es vielleicht mal ein Jubiläum. Ein Jubelereignis. Und möglicherweise ein Eigenes. Aber wer wird dann jubeln? Warum fällt das Jubeln so schwer? Vielleicht gibt es ja zur Überraschung Jubel, Trubel, Heiterkeit. Vielleicht auch nicht.

Nicht jedes Ereignis, das sich zum x-ten Mal wiederholt, ist ein Grund zur Freude. Wie viele Fehler und Dummheiten habe ich schon fünfundzwanzig Mal begangen? Ich stelle mir vor, wie sich James, der bei »Dinner vor one« immer wieder über den blöden Tigerkopf stolpert, bewusst wird, dass er dies genau zum 25. Mal erlebt hat, ohne auch nur ein einziges Mal hingefallen zu sein.

Ich stelle mir vor, ich habe ein Jubiläum und dann guckt kein Schwein. Wohl eher bekomme ich dank digitaler Datenerfassung als Jubilar von allen Geschäftsleuten Exklusivangebote für spezielle Versicherungen,

Sonderkonditionen fürs neue Handy oder einen Ku-
gelschreiber mit meinen Initialen. Kann das für mich
Grund zum Jubeln und zur Freude sein?

In alten biblischen Zeiten hatten die Menschen bei
Jubelereignissen wie Hochzeiten oder der Wiederkehr
eines verlorenen Sohnes eine ganze Woche lang gefeiert. Und wenn das nicht ausreichte, feierten sie auch
mal zwei Wochen. Da nahmen die sich richtig Zeit zum
Feiern. Heute denken wir, das Leben war für die Menschen damals nur Mühsal und Qual. Doch zu der Zeit
gingen die Engel noch zwischen den Menschen umher.
Zumindest merkten die Menschen das noch. Von den
Engeln wussten sie auch, wie sie sich über kleine Dinge
groß freuen konnten.

Die Engel hatte Gott in weiser Voraussicht, schon bevor er sich an die Schöpfung von Himmel und Erde
machte, geschaffen. Und als er nach dem ersten Schöpfungstag abends in seinen Himmel zurückkehrte, be-
trachte er von dort das Gewordene und sah, dass es gut
geworden war. Und die große Schar der Engel, die ihn
dort empfing, jubelte ihm im Chor der großen Sphä-
renharmonie zu. Das spornte ihn an, weiter zu machen.
Die Engel jubelten jedoch nicht nur grenzenlos. Sie
bildeten auch die himmlische Expertenkommission,
die dem hohen Herrn mit Rat und Tat beiseitestand

und schon mal bei dem einen oder anderen Schöp-
fungsakt selbst Hand anlegte. So wurde der Herrgott
am Abend des zweiten Tages mit noch größerem Jubel
empfangen.

Und nach jedem Schöpfungstag steigerten die Engel
ihren begeisterten Empfang. Sie fingen an zu dichten,
zu singen und zu musizieren. Und zwar mit Pauken
und Trompeten – Nein, nicht mit Wein, Weib und
Gesang! Das musste noch erst geschaffen werden. Als
Gott zwischendurch ins Zweifeln kam, ob er bei seiner
Schöpfung vielleicht Fehler gemacht haben könnte,
sangen die Engel in einem unglaublichen Kanon mit
den lieblichsten Engelsstimmen das: Lobet den Herrn!
Nach diesem betörenden Empfang wurde das Himmelstor geschlossen und es gab allabendlich ein großes
Fest. Geschlossene Gesellschaft. Im Grunde genommen konnte ohnehin niemand anderes kommen, weil
die Menschen noch gar nicht geschaffen worden waren.
Die Engel sangen immer wieder ihr: Lobet den Herrn
und preiset ihn mit Posaunen, lobet ihn mit Psalter
und Harfen, lobet ihn mit Pauken und Trompeten, mit
Pfeifen und Zimbeln! Alles was Odem hat, lobe den
Herrn! Hallelulja! So wurde die Welt aus reiner Freude
geschaffen! Freude schöner Götterfunken! Keine Urge-
walten, kein donnernder göttlicher Zorn ließ die Welt
entstehen. Die reine Freude war der Götterfunken, aus

57

dem die Welt entstand. Und die Engel waren es, die Gott in den Zustand der reinen Freude versetzten! Das Feiern strengte den Herrn so sehr an, dass er nach sechs Tagen die Schöpfung abbrach. Er hätte noch vieles geben und schaffen können, aber Gott war zu erschöpft. Nicht die Schöpfung, sondern das Feiern der Schöpfung war die Anstrengung. Am siebten Tag musste er sich vom Feiern erholen. Den Menschen riet er es in umgekehrter Weise zu machen: sechs Tage arbeiten und sich am siebten Tag feiernd über das Geschaffene erfreuen. Gott hat die Engel gemacht, damit sie seine Schöpfung unentwegt bejubeln und Gott den Herrn der Schöpfung preisen: Lobet den Herrn. Die Aufgabe der Engel im Himmel heißt seit jeher Jubilieren!

Und auf Erden? Ich glaube auf Erden unter den Menschen wandeln viel mehr Engel als gemeinhin bekannt. Nein, es sind nicht solche mit Flügeln, die gelegentlich erscheinen, um eine göttliche Botschaft zu überbringen. Es sind die vielen helfenden Engel, die still ihre Arbeit tun und ungesehen ein Schattendasein fristen. Es sind die Engel, die sich über Kleinigkeiten freuen können. Auf Erden ist es für sie oft eine schwierige Aufgabe, Freude in eine triste Menschenseele zu bringen. Wenn in der Seele der Person das Feuer der Liebe und der Freude schon fast erloschen ist, muss ein Funke überspringen. Von den kleinen Engeln. Ein Licht muss in der Seele dieses armen Menschen angezündet werden. Ein schöpferisch-göttliches Feuer muss entfacht werden. Wem das gelungen ist, dieses in sich wieder zu erwecken, dem gebührt es, geehrt zu werden. Das sind die wahren Jubelereignisse im Leben!

Als überall auf der Welt das Virus umging und Unsicherheit verbreitete, fingen viele Menschen an zu jubeln, weil die Engel der Pflege unermüdlich ihren Dienst tun. Kaum ein Jahr später werden diese Engel fast verteufelt, weil sie nicht mehr so funktionieren, wie sie sollen. Als Christus auf Erden wandelte, es aber noch keine Christen gab und dieser auf einem Esel nach Jerusalem kam, wurde er mit großem Jubel empfangen. Es dauerte keine Woche, bis der Jubel in Hohn umgeschlagen war. Die anfängliche Freude war der Angst gewichen. Seither werden zwar immer wieder Feste Christus zu Ehren gefeiert, aber das Jubeln vom ganzem Herzen und die Lebensfreude sind immer weiter in Vergessenheit geraten. Deshalb hatte Schiller uns Deutschen eine Freudetherapie verordnet. Und der griesgrämige Beethoven schrieb die Musik dazu. Der Freude schöner Götterfunken ist seit Paradieseszeiten in allen Menschen angelegt. Entfachen muss ihn jeder wieder neu. In sich selbst und in anderen. Hallelulja!

Der schoenste Stau liegt immer in der Kurve!

Heilkunst und FarbenPracht©

Norbert Wickbold
Denkzettel Nr. 76

Der schönste Stau liegt immer in der Kurve!

Als Jungs hatten wir gerne mit Karten gespielt. Es gab zum Beispiel Auto-Quartett. Da waren dann die ganzen Straßenkreuzer der Sechzigerjahre vertreten. Während die Väter in den Kneipen saßen, sich einen hinter die Binde kippten und dann sangen: *Der schönste Platz ist immer an der Theke,* träumten wir davon, mit einem dieser Straßenkreuzer über die Autobahn zu rauschen. Solche Autos würden heute überall einen Stau verursachen. Wie das die modernen Straßenkreuzer auch tun. Heute kann man nahezu jeden Tag im Verkehrsfunk die Meldung hören: *Achtung, das Stauende liegt in einer Kurve.* Aber nun zu singen: *Der schönste Stau liegt immer in der Kurve,* dazu konnte ich mich bisher noch nicht durchringen. Nur mal eben die Kurve nehmen und schon ist man mittendrin – im größten Stau. Angekommen. Eben nicht! Wer im Stau hängen bleibt, der kommt gerade nicht da an, wo er hin will. Oder zumindest nicht gleich. Der Stau ist sozusagen ein Zeitstau. Haben die schlauen Leute uns nicht immer etwas erzählt von der Entschleunigung? Sich Zeit nehmen! Aber der Stau nimmt mir doch gerade die Zeit, von der ich ohnehin schon zu wenig habe. Heutzutage, wo alle immer schneller weiterkommen wollen, es stattdessen aber überall Staus gibt, ist der alte Spruch von Heraklit wieder hochaktuell: *Alles fließt* bzw., *alles ist im Fluss.* Bei der Stauhäufigkeit muss das wohl eher als Wunschdenken denn als Realitätsbeschreibung bezeichnet werden. Damals, bei den alten Griechen gab es noch keine Autobahnen und Verkehrsknotenpunkte, die über einen Bypass umfahren werden mussten. Ja, das gehört auch zu den modernen Staumeldungen: *Wer sich auskennt, sollte das Gebiet weiträumig umfahren.* Da haben wir sie wieder, die Entschleunigung. Mach doch gleich eine gemütliche Ausflugsfahrt. Schau dir die Gegend mal richtig an. Nicht immer nur so durchhuschen und haste nicht gesehen, biste wieder weg. Ne, jetzt kannste ruhig mal n'bisschen bleiben. Mensch bleib doch noch ne' Weile bei uns. Hier ist es nämlich auch ganz schön. Auch die kleinen Käffer haben was zu bieten. Während der Woche sausen die Leute durch die bekannte Umgebung, in der sie arbeiten und leben, ohne die Gegend je kennenzulernen. Und am Wochenende zieht es sie hinaus in die Ferne und dann machen sie gemütliche Ausflugsfahrten, um sich Orte anzuschauen, wo sie noch nie waren. Und ihre eigene Umgebung lernen sie trotzdem nicht kennen. So gesehen hat ein Stau doch auch etwas Gutes. Ohne Stau wüssten manche Menschen vielleicht gar nicht, wo sie überhaupt wohnen. Manchmal habe ich den Eindruck, dass die Leute oft nicht wissen, was sie eigentlich wollen. Aber wie soll ich das dann wissen, wenn ich hinter so jemanden hinterherfahre? Solten die überhaupt irgendeine Regel befolgen, dann bestenfalls die:

Erst Gas geben und dann gucken, warum es gekracht hat. Was es das dann für einen Stau gibt, kann man sich ja denken.

Aber Sie glauben doch wohl nicht, dass es Staus nur im Straßenverkehr gibt. Auch Fußgänger können einen Stau verursachen. Ich muss sagen, ich plädiere aus diesem Grunde für ein striktes Verbot der Henkeltopfstellung während der Hauptverkehrszeiten in der Fußgängerzone, in öffentlichen Gebäuden und überhaupt auf jeglichen Gehwegen und insbesondere auf Zebrastreifen! Ach, Sie kennen die Henkeltopfstellung gar nicht? Haben Sie das schon mal erlebt, dass sich jemand vor Ihnen mitten im Weg aufbaute und obwohl es ohnehin schon eng war, hielt diese Person beide Hände in die Hüften gestemmt und blieb dann wie ein überdimensionierter Gartenzwerg vor Ihnen unverrückbar stehen? Anstatt wenigstens ein bisschen zur Seite zu treten, machte sich dieser Mensch extrabreit. Und blieb dann stehen wie ein Denkmal oder wankte unkontrollierbar von einer Seite auf die andere. So was ist einfach eine Frechheit! Das genau ist die Henkeltopfstellung. Sollte die Henkeltopfstellung noch weiter um sich greifen, besteht die Gefahr der spontanen Mutation. Möglicherweise handelt es sich nur um den Rückstau einer um die Ecke geleiteten Antriebsform. Diese Leute kommen einfach nicht von der Stelle. Oder um es

passender auszudrücken: Sie kriegen die Kurve nicht.
Einer von der Sorte ist ja schon problematisch, aber
manchmal treten die auch noch im Rudel auf. Und
dann ist alles vorbei. Nein, an ein Vorbeikommen ist
dann nicht mehr zu denken. Und ihre Lauscher haben
die meist auch eingeklappt. Die müssen nämlich alle
nebeneinander dahin trotten. Die besagte Henkeltopfstellung gehört zum Gruppenzwang, genauso wie das
abrupte Stehenbleiben oder der plötzliche Richtungs-
wechsel. In solchen Situationen denke ich mir: Ein
Glück, dass die nicht zu zwölft sind, sonst müsste die
Straße erst noch verbreitert werden.

Und beim Einkaufen, also im Supermarkt, kommt es
immer wieder zu Staus. Aber an der Kasse gibt es dann
den größten Stau. Entweder weil mal wieder jemand
genau passend bezahlen will und dann doch nicht genug Kleingeld hat. Oder weil ein Kunde doch nicht
so galant im Umgang mit den Vorzügen des bargeld-
losen Verkehrs ist. Und schließlich fällt demjenigen
erst, wenn sich die gekauften Sachen schon alle auf dem
Band stauen, auf dass er/sie gar nicht weiß, wo er/sie
das alles reinpacken soll. Ich muss zugeben, dass mir
das auch manchmal passiert. Das ich schon wieder so
viel gekauft habe! Nun ja, und dann muss ich doch
eine Plastiktüte kaufen und noch mal extra bezahlen.
Die Leute hinter mir sollen sich nicht so haben. Sonst

muss ich immer warten. Jetzt lass ich die anderen auch mal warten. Die Waren stauen sich auf dem Band und wieder zurück bis auf den Schoß der Kassiererin. Inzwischen befindet sich dann das Stauende der Kundenschlange in der Kurve, oder besser gesagt hinter einem Regal. Wenn es sich nicht schon hinter allen Regalen staut. Bitte eine weitere Kassiererin an Kasse zwei! Ja, und was erst in den Gängen wieder los ist! Immer an der engsten Stelle müssen die Leute ihren Einkaufswagen stehen lassen. Am besten gleich diagonal. Damit wirklich keiner mehr vorbei kommt. Und sie selbst stehen rätselnd vor dem Regal. In Henkeltopfstellung versteht sich. Immerhin gibt es ab und zu mal jemanden, dem auffällt, dass das nicht so geschickt war. Doch meistens sagen sie dann nur, dass es keine Absicht war. Nein, das glaube ich sofort. Wer merkt denn schon, wenn er gerade nichts denkt, während er handelt? Oder man ist so sehr damit beschäftigt, das entsprechende Regal abzufotografieren und der Freundin zu Hause das Foto zu schicken, in der Hoffnung, dass sie einem sagen kann, wo die gesuchte Packung steht. Inzwischen habe ich eine App, die mir regelmäßig den Inhalt des Kühlschranks auf mein Handy schickt. Damit kann ich im Laden sehen, was bei mir zu Hause fehlt. Das funktioniert jedoch nicht in jedem Laden. Es gibt Geschäfte, da bekomme ich einfach keine Verbindung zu meinem Kühlschrank. Da kauf ich inzwischen nicht mehr ein.

Früher hätte man gesagt: Der Typ hat doch nicht alle Tassen im Schrank! Aber heute ist das modern. Zugegeben, wenn ich in den Kühlschrank geschaut hätte, hätte ich selbst wenigsten noch ein bisschen die Kontrolle darüber, was ich einkaufe. So überlasse ich das komplett der Technik und lass mich zum willenlosen Objekt der Algorithmen machen. Außerdem würde ich jetzt nicht schon wieder einen solchen Stau verursachen, dass die anderen Kunden sich schon bis in die nächste Kurve stauen. Gar nicht dran zu denken, was sich bei denen für eine Wut staut. Wenn die freie Fahrt bekommt, könnte es mich glatt aus der Kurve hauen. Vielleicht wäre es besser, ich hätte eine App, mit der ich eine Kassiererin an die nächste Kasse lotsen könnte. Dann würde sich der Stau ganz schnell auflösen. An der Kasse, also hinter der Warenausgabe, staut es sich wieder, weil ich gar nicht so schnell die Waren vom Band schaffen kann. Der Einkaufswagen war so voll, dass ich das nicht sogleich zurückgepackt bekomme. Schließlich sollen die weichen Sachen nicht gerade unten liegen. Das gleiche Problem habe ich dann erneut beim Verstauen im Kofferraum. Der Stauraum ist einfach zu klein. Wenn ich das Ganze zu hoch stapel, fliegt mir in der nächsten Kurve alles durcheinander.

Und dann gibt es auch noch die vielen Staus auf dem Computer, am Drucker und im Internet. Stau auf der

Datenautobahn. Wie viele Kurven es da gibt, werde ich wohl nie herausfinden können. Und dennoch lauert hinter jeder Kurve ein Stau.

Staus gehören einfach zum modernen Leben dazu.Das erzählte mir neulich ausgerechnet ein Arzt. Er sagte, du glaubst ja nicht, wie viele Leute zu mir kommen, weil sie unter Verstopfung leiden. Auch hier gilt: Das Stau-ende liegt in einer Kurve. Und das ist für die Rettungs-kräfte oft sehr schwer zugänglich. Dazu kommen die Kreislaufprobleme. Bei einem Blutstau erhöht sich der Druck. Und selbst im Kopf kann es zum Stau kommen. Solche Staus lassen sich nicht wie die im Verkehrsfunk vorhersagen. Die treten oftmals ganz plötzlich auf. Die kommen auf jeden Fall dadurch zustande, dass es eine Engstelle gibt, an der das Blut einfach nicht mehr die Kurve kriegt. Selbst beim Denken kann es zu Staus kom-men. Der Betreffende versucht, um die Ecke zu denken und bleibt dabei stecken, wenn er sich an eine Sache oder eine Person erinnern will. Und dann funktioniert die Datenausgabe nicht richtig oder viel zu langsam. Sie sehen schon, Staus gehören zum modernen Leben. Wo ich fahre, gehe und stehe. Ja, sogar beim Denken. Hin-ter jeder Kurve lauert der nächste Stau. Bevor ich mich immer nur darüber ärgere, denke ich mir nur:

Der schönste Stau liegt immer in der Kurve!

Fressen Sie einen Besen
oder wollen Sie sich lieber
den Mund fusselig reden?

Heilkunst und Farbenpracht©

Norbert Wickbold
Denkzettel Nr. 77

Fressen Sie einen Besen oder wollen Sie sich lieber den Mund fusselig reden?

Das sind jetzt auch wieder solche Redewendungen, die ich schon so oft gehört habe. Aber wer macht das wirklich? Es wäre doch mal was, wenn man sich ausbilden lassen könnte zum staatlich geprüften Besenfresser. Bloß wo sollten die eingesetzt werden? Vielleicht da, wo die neuen Besen allzu gut kehren? Das habe ich neulich gehört, wie zwei Kolleginnen im Gespräch miteinander über den neuen Chef sprachen und die eine dann missmutig sagte: Den hab' ich gefressen! Und prompt kam eben der besagte Chef herein und polterte sogleich in seiner berüchtigten Weise herum. Als der wieder weg war, nahm die andere Kollegin das Gespräch von vorher wieder auf. Sie schüttelte nur mit dem Kopf, sah die andere entrüstet an und sagte energisch: Ich auch!

Manchmal ist das auch eine Frage des Alters. Wenn jemand ganz schnell mal eben so um die Ecke gefegt kommt, mal kurz verschwindet und gleich wieder angefegt kommt, dann handelt es sich dabei mit größter Wahrscheinlichkeit um einen jungen Feger. Da könnte ich mir, wenn es sich um die weibliche Sorte handeln würde, vorstellen zu sagen: Ich hab dich zum Fressen gern. Aber bei dem alten Besen? Früher hatte man solche Exemplare wohl schnell mal als Hexe bezeichnet

und behauptet, sie sei auf dem Besen durch die Luft ge-
ritten. Vielleicht in der Walpurgisnacht Richtung Bro-
cken? Aber an solchen Besen beißt sich niemand die
Zähne aus. Warum sollte man das also tun? Zumal die
sowieso meist auch noch Haare auf den Zähnen haben.
Um nicht zu sagen: Borsten! Solche Besen bringt man,
wohin sie gehören: in die Besenkammer. Sie merken
schon, dass ich zumindest auf alte Besen nicht gut zu
sprechen bin. Mich hatte nämlich solch ein alter Besen
in die Besenkammer gesperrt, weil ich mich nicht einfach wegfegen lassen wollte, obwohl, oder gerade weil
ich erst fünf Jahre alt war.

Lange Rede, kurzer Sinn, meine Geschichte mit dem
Besen ist die folgende: Als ich bei der Bundeswehr meine Grundausbildung absolvierte, sollte ich mal einen
Weg oder Platz fegen. Genau weiß ich das nicht mehr.
Es war wohl zu erkennen, mit welch geringem Eifer ich
dabei ans Werk ging. Bald darauf platzte dem Feldwe-
bel der Kragen. Bei uns hatte der den Spitznamen Locke, weil der ganz kurz geschorene rote Haare hatte und
auf unserer Stube hörten wir am liebsten das Lied von
Torfrock mit dem Refrain:
   Unser Häuptling heißt Rote Locke.
Jedenfalls konnte der das nicht mehr mit ansehen, wie
ungeschickt ich mit dem Kehrwerkzeug hantierte. Er
nahm mir den Besen aus der Hand und erklärte:

»Jetzt zeigt dir das mal jemand, der damit schon mal Geld verdient hat!«

Leider war seine Demonstration viel zu kurz. Denn anschließend musste ich doch noch selbst den Besen schwingen. Im Übrigen hatte der auch nicht gesagt, dass er damit richtig viel Geld verdient hat. In sofern war das kein wirklicher Anreiz für mich. Wie ich später erfuhr, hatte Locke zuvor beim Straßenbau gearbeitet. Und so gab ich ihm ein weiteres Mal die Gelegenheit, mir das richtige Fegen zu zeigen. Ich erwies mich als nicht sehr lernfähig. Professionelles Fegen will eben gelernt sein. Und das lernt man nur durch Üben. Da war mir Locke wirklich meilenweit voraus! Das Ganze war mir eine wirkliche Lehre. Deshalb entschied ich mich später für einen anderen Beruf. Was das Fegen betrifft, orientierte ich mich eher an den Spruch aus Goethes Zauberlehrling:

»In die Ecke, Besen! Besen! Seids gewesen.«

Beim großen Zauberer funktioniert das vielleicht. Ich meine, den Besen an den Nagel zu hängen. Oder in die Ecke zu stellen. Im normalen Leben muss man den immer wieder hervorkehren. Schon als Kind hatte ich mich darüber gewundert, dass man unentwegt Staub wischen muss. Oder eben fegen. Was da alles für ein Dreck zusammenkommt, auch wenn man nichts macht. Oder gerade weil man nichts macht. Ich fress einen Besen, wenn ich das gewesen sein soll. Wo kommt das alles her? Das weiß nur der liebe Gott allein. Denn mit dem Teufel sollten, wie lange behauptet wurde, die Hexen, die ja auf dem Besen angeflogen kamen, im Bunde sein. Und im Himmel ist bekanntermaßen immer alles picobello sauber und rein. Also praktisch besenrein. Aber wer macht da sauber? Na ja, wenn die da oben Kehraus machen, frage ich mich: Wo bleibt das Ganze? Bestimmt rieselt das alles so ganz allmählich herunter auf die Erde. Und wir werden hier ständig eingestaubt. Sternenstaub sagen die einen. Es gibt Wissenschaftler, die uns erklären, dass irgendwo da draußen im Kosmos immer irgendwelche Sterne explodieren und der Staub sich dann überall, also ich meine im ganzen Weltall, ausbreitet. Und irgendwann kommt der dann auch auf unserer Erde an. Nein das ist Wüstenstaub, sagen die Meteorologen und erklären, der Wind würde den feinen Sand von der Sahara zu uns tragen. Und der würde sich dann überall draufsetzen. Wieder andere sagen, dass es nun mal der Weg allen Irdischen sei, von Motten und Würmern zerfressen zu werden und zu Staub zu zerfallen. Also eine Mischung aus Saurierstaub, Blütenstaub und wer weiß was noch alles.

Ich behaupte, dass es sich bei dem leise und unmerklich niederrieselnden Staub um den göttlichen Kehricht handeln muss. Natürlich kann ich verstehen, dass die

76

Leute, wenn sie von der Erde kommend ans Himmelstor anklopfen, dann da nicht einfach, ohne sich vorher ihre Füße abzutreten hereinmarschieren können. Der Himmel muss sauber bleiben. Da kann man nicht einfach alles Mögliche reintragen. Aber soweit haben die Leute oft gar nicht gedacht, bevor sie sich auf den Weg dorthin gemacht haben. Und dann muss Petrus wieder mal ein Machtwort sprechen:

Wie oft habe ich euch schon gesagt, dass ihr den Dreck da unten lassen sollt! Der gehört hier nunmal nicht her. So lass ich euch hier nicht rein. Da kann man sich den Mund fusselig reden und dann latschen die wieder so mir nichts dir nichts mit ihren abgetretenen Straßenschuhen rein.

Das bedeutet für manche Leute schon eine riesige Umgewöhnung. Wie viele haben das in all den Jahren hier auf Erden nie gelernt. Wer vor den Herrgott treten will, darf kein Dreck am Stecken haben und kann einfach nichts mehr unter den Teppich kehren. Da muss man alles offenlegen. Da kann man sich noch so sehr den Mund fusselig reden und erklären, man hätte nichts Unredliches getan. Und man hätte sein Haus in Ordnung gehalten und auf jeden Fall noch am Ende reinen Tisch gemacht. Der alte Herr lässt sich nichts vormachen, der klopft jeden Neuling gründlich ab und zieht jedem den Dreck aus den Ohren, der Nase oder wo der sonst noch alles festsitzt.

Das könnte der Grund dafür sein, weshalb nach dem Ableben einer wichtigen Person oftmals noch ganz schön viel Staub aufgewirbelt wird. Dann zeigt sich, dass dieser Mensch durchaus nicht so eine reine Weste hatte, wie er uns zu Lebzeiten glauben machte und in Wahrheit nicht nur Geld an den Hacken, sondern auch ganz viel Dreck am Stecken hatte. Der wird dann da oben gründlich abgeklopft und was dann herauskommt, das fällt auf uns alle wieder zurück. Wir können froh sein, dass wir nur so ein bisschen eingenebelt werden. Andernfalls würden wir ständig von dem Gerümpel erschlagen werden.

Umweltverschmutzung kennen die da oben im Himmel gar nicht. Was da an Dreck und Müll ankommt, wird sofort wieder zurückgeschickt. Das erinnert mich an eine Zeichnung, die ich mal in der Schule gemacht habe. Die zeigte ein Paar, dem ein riesiger Koffer von ihrem Urlaubsort nachgeliefert worden war. Als sie diesen öffneten, sahen sie, dass dieser bis zum Überquellen voll mit Müll war. Zu oberst lag ein (Denk-)Zettel mit der Aufschrift: *Was Sie im Urlaub vergessen haben!* So ähnlich, stell ich mir das auch bei der himmlischen Zollabfertigung vor. Nur dass es da genau umgekeht verläuft. Beim Eintritt ins Himmelreich wird einem der Dreck abgenommen und beim Wiedereintritt ins Erdenleben, wird einem das alles wieder nachgesendet.

Wer also nicht wirklich vorher reinen Tisch gemacht hat, also mit einer reinen Seele dort oben ankommt, der muss früher oder später noch mal das ganze Prozedere hier auf Erden durchmachen. Bis diese Seele nach einer großen oder kleinen Ewigkeit wieder auf Erden wandelt, hat sich auch der Staub gewandelt. Und zwar in Steine die dieser Person dann in den Weg gerollt werden. Das ist die Aufgabe der vielen kleinen Hexen und Teufelchen, die das dann hervorkehren und diesem ahnungslosen Menschen vor die Füsse werfen. Ordnung muss sein! Die nehmen ihre Arbeit sehr ernst. Jedes fast unsichtbare Staubkörnchen haben sie damals eingesammelt und aufbewahrt. Jetzt werden die wieder hervorgekramt. Inzwischen sind daraus unübersehbare und oft auch unüberwindbare Stolpersteine geworden. Ja und da muss man dann durch! Die ehemaligen Vertreter der göttlichen Lebensversicherung sind längst zur irdischen Konkurrenz gewechselt und nun verkünden sie uns ganz stolz:

»Auf diese Steine können Sie bauen.«

Damit das nächste Leben nicht zur Sisyphusarbeit wird, rate ich Euch: Lieber öfter mal den Besen schwingen, alles immer schön abstauben und öfter mal etwas gegen die Feinstaubbelastung der Seele unternehmen. Besser sich jetzt den Mund fusselig reden, als später sich die Zähne dran auszubeißen.

79

Denkzettel zwischen Strafzettel und Merkzettel?

Norbert Wickbold
Denkzettel Nr. 78

Denkzettel zwischen Strafzettel und Merkzettel

In der Bibel steht, dass Gott den Menschen ein Paradies schuf und sie dort hineinsetzte. Die Menschen hätten allen Grund gehabt, restlos glücklich zu sein. Doch der liebe Gott, der alles weiß, pflanzte inmitten des Garten Eden den Baum der Erkenntnis. Dann sagte er zu den Menschen: *»Du darfst essen von allen Bäumen des Gartens, aber von dem Baum der Erkenntnis des Guten und Bösen sollst du nicht essen; denn an dem Tage, da du von ihm isst, musst du des Todes sterben.«* Gott, der die Menschen selbst gemacht hatte, wusste, dass sie dieses Gebot gar nicht einhalten konnten. Solange sie nicht unterscheiden konnten zwischen Gut und Böse, waren sie gar nicht imstande, zu verstehen, was es mit dem Wörtchen *»Nicht«* auf sich hatte. Sie überhörten es einfach und – wie jeder weiß – sie aßen vom Baum der Erkenntnis. Vielleicht hatte Gott auch ein Verbotsschild aufgestellt. Doch das Lesen hatte Gott den Menschen noch nicht beigebracht!

Um zu demonstrieren, dass es auch für heutige Menschen unmöglich ist, zu verstehen, was das Wörtchen *»Nicht«* bedeutet, habe ich, der Schöpfer der Denkzettel, einen Text in die Mitte dieses Buches gesetzt und Dir lieber Leser sage ich: *»Du darfst alle Texte die Du in diesem Bändchen finden wirst lesen, aber von dem Text in der Mitte des Buches mit der Überschrift: FAKE NEWS darfst Du nicht kosten. Das verbiete ich Dir!*

Fake News ! Fake News !

Ich werde meine Reihe von Fake News mit einer guten Nachricht beginnen. In Zeiten von Corona sind gute Nachrichten eher rar geworden. Leider handelt es sich dabei – wie gesagt – um eine Falschmeldung. Also nochmals: Nicht lesen!

Bei dieser Meldung geht es um ein altes deutsches Volkslied, dass immer wieder ins Gerede gekommen ist. Das Lied stammt schon aus dem 18. Jahrhundert. Es wurde oft und gerne gesungen und war auch bis ins Jahr 2017 im Kanon des Liederbuches für deutsche Soldaten zu finden. Die damalige Verteidigungsministerin Ursula von der Leyen erklärte jedoch, es sei von den Nazis missbraucht worden und müsse deshalb aus der Sammlung gestrichen werden. Andernfalls würde im Ausland das Singen dieses Liedes als Verherrlichung der Nazizeit aufgefasst werden. Dennoch ist das Lied weiterhin sehr beliebt und wird besonders in wertkonservativen Kreisen weiterhin sehr gerne gesungen. Um so mehr ist die folgende Meldung ein Lichtblick für alle Freunde dieses Liedes. Ich habe absichtlich den Namen des Liedes nicht genannt, aber ich bin mir sicher, dass Du schon längst weißt, wovon die Rede ist.

Obwohl in Zeiten von Corona das Singen nicht nur dieses Liedes, sondern jeglichen Liedgutes aufgrund der Hygieneauflagen streng verboten ist, habe ich für die Neuauflage dieses Liedes eine Sondergenehmigung bewirken können. Ist das nicht herrlich? Führende Köpfe haben nämlich erkannt, dass die aktualisierte Fassung sogar zu einer signifikanten Eindämmung der Pandemie beitragen kann. Deshalb soll es künftig in allen Schulen gesungen werden, sobald die Schüler wieder gemeinsam unterrichtet werden. Die Kinder tragen das Lied dann nach Hause und so wird es sich schneller verbreiten, als das Virus. Ich will Dich nicht weiter auf die Folter spannen und Dir das Lied in neuer Form vortragen. Du kannst gerne mitsingen – nein, Du musst sogar durch Dein Singen zur unverzüglichen Ausbreitung dieses Liedes beitragen. Also flugs die Stimme geölt und dann kann es losgehen. Der neue Text ist genauso einfach, wie der alte. Die Melodie ist die gleiche und das Lied geht jetzt so: Schwarzbraun ist die Haselnuss... Entschuldigung, das war die alte Version. Also noch mal:

Impfen ist die wahre Lust!
Geimpft sein will auch ich,
ja will auch ich.
Geimpft muss auch mein Madel sein,
gerade so wie ich.

Auch der Refrain ist ganz einfach:
Jubijubiju – Impf impf impf
Jubijubiju – Impf impf impf
Jubijubiju – Impf impf impf
Jubi-jubi-ju – Impf – impf – impf :|

Für den Refrain gab es schon vorher verschiedene Versionen. Ich habe mich für die einfachste Form entschieden. Auch die weiteren Strophen sind einfach. Es braucht nur für »*Madel*« Männle, Mutter, Vater, Bruder, Schwester, Oma oder Opa eingesetzt werden. Wir können das jetzt ja mal zusammen singen. Bist Du bereit? Also los! Eins zwei drei, und:

Impfen ist die wahre Lust!
Geimpft sein will auch ich, ja will auch ich.
Geimpft muss auch mein Madel sein,
gerade so wie ich.

Jubijubiju – Impf impf impf
Jubijubiju – Impf impf impf
Jubijubiju – Impf impf impf
Jubi-jubi-ju – Impf – impf – impf
Jubijubiju – grunz grunz grunz
Jubijubiju – grunz grunz grunz
Jubijubiju – grunz grunz grunz
Jubi-jubi-ju – grunz – grunz – grunz.

Jetzt fragst Du sicher gleich: Ja was ist denn das? Warum singst du denn den Refrain auf einmal ganz anders? Warum fängst Du jetzt plötzlich zu Grunzen an? Kaum zu glauben, aber ich grunze vor Freude. Und das ist der zweite und viel wichtigere Teil der Geschichte. Die gute Nachricht besteht ja nicht nur darin, dass dieses schöne Lied wieder gesungen werden darf. Und zwar als Einziges! Die Frohe Botschaft lautet: Wir haben einen Impfstoff gefunden, der praktisch unbegrenzt zur Verfügung steht. Bei dessen Beschaffung werden keine Lieferschwierigkeiten entstehen und der keine weiten Transportwege erforderlich macht. Dazu kommt, dass der neue Impfstoff nicht nur nahezu umsonst geliefert, sondern auch umsonst hergestellt wird. Das lässt uns alle aufgrunzen – ich meine aufatmen. Bei dem neuen Impfstoff handelt es sich um ... Irgendwann muss ich es Dir ja sagen. Bei dem Impfstoff handelt es sich um Schweineurin. Sicher verstehst Du, warum ich so begeistert bin. Niemand muss künftig lange anstehen, um endlich seine Impfung zu bekommen. Niemand muss noch weite Wege in Kauf nehmen um zu einem Impfzentrum zu gelangen. Auch die aufwendig errichteten Impfzentren sind überflüssig geworden. Jeder kann sich seine Spritze gleich im nächsten Schweinestall abholen! Wie viele Menschen beklagten sich bisher bitterlich, dass sie noch keine Impfung erhalten konnten. Viele bezeichneten diese Situation als eine große

Schweinerei. Und nun kann diese Schweinerei mit einem Schlag beendet werden! Es hat sich sogar gezeigt, dass durch die Beschallung der Schweineställe mit diesem Lied die Produktion der so dringend benötigten Impfdosen erheblich steigern lässt.

Um die Impfstoffproduktion nicht zu gefährden werden mit sofortiger Wirkung alle Schweineschlachtungen ausgesetzt. Der Verzehr von Schweinefleisch wird unter Strafe gestellt. Des Weiteren gibt es ab sofort ein Ausfuhrverbot von Schweinefleisch sowie von lebenden Schweinen. Eine findige Firma, die sich auf vegetarische Kost spezialisiert hat, gab daraufhin den Slogan heraus: »*Lass die Sau raus!*« Gemeint ist, dass man die Sau aus seiner Speisekarte rauslassen soll.

Es laufen auch Versuche, die frei gewordenen Kapazitäten bei den Schweinen dafür zu nutzen, ein ganz neues Testverfahren zu entwickeln. Sicher hast Du von sogenannten Trüffelschweinen gehört. Die Schweine haben nämlich einen ganz ausgeprägten Spürsinn. Nicht umsonst hat sie die Natur mit einer derart markanten Schnauze ausgestattet. Es mehren sich die Hinweise, dass Schweine mit ihrer außergewöhnlichen Nase in der Lage sind, Viren und zwar besonders die neuartigen Coronaviren sicher aufzuspüren. Weil die Viren nun mal so klein sind, müssen die Testschweine dazu ganz nah an die mögliche Quelle gelassen werden. Das bedeutet, die betreffende Sau schnüffelt direkt an der Nase der Testperson. Da die meisten Menschen bisher kein Problem damit hatten, Schweinefleich nicht nur in den Mund zu nehmen, sondern auch zu essen, dürfte es keine Berührungsängste geben, sich von der Testsau beschnuppern zu lassen. Testpersonen bezeichneten das bisherige Testverfahren als wesentlich unangenehmer. Damit wir wissen, ob die betreffende Person das Virus in sich trägt, wurden die Testschweine darauf dressiert, diejenigen, die kein Corona haben, zu küssen und die anderen wegzustoßen, um bei ihnen sofort die Abstandsregel zu befolgen. Das ist viel angenehmer und bei Weitem erfolgreicher, als einen Frosch zu küssen.

Doch zurück zu den goldenen, paradiesischen Zeiten. Damals wollte Gott den Menschen einen Denkzettel erteilen. Bis heute wurde die Aktion mit dem Baum der Erkenntnis als Strafaktion aufgefasst. Denn der Strafzettel folgte prompt. Aber auch diesen konnten die ersten Menschen nicht lesen. Deshalb beauftragte Gott später Moses ihnen die zehn Gebote als Merkzettel mit auf den Weg zu geben. Leider hat er da immer noch so viele *Du-sollst-nicht* eingebaut. Heute können die Menschen im Allgemeinen lesen.Das mit dem *Du-sollst-nicht,* verstehen die Menschen immer noch nicht. Oder hast Du den Text hier etwa *nicht* gelesen?

Immer das gleiche Lied – ohne Wenn und Aber?

Norbert Wickbolds
Denkzettel Nr. 79

Immer das gleiche Lied
– ohne Wenn und Aber?

*Ich denke, wenn man anstatt gegen erdachte Gefahren
anzukämpfen, die tatsächlichen Probleme ohne Wenn
und Aber anpacken würde, wäre schon viel getan. Was
sagen Sie dazu?*

Ich lass es einfach laufen und mach so weiter wie immer.
Da frage ich nicht lange. Ohne Wenn und Aber. Nein,
ich denk´ da einfach gar nicht drüber nach. Wieso auch.
Am besten, wir lassen alles so, wie es ist. Es ist noch immer
gut gegangen. Ich hab doch sowieso gar keine andere
Wahl. Es bleibt ohnehin immer alles beim Alten. Und
das ist auch besser so. Wenn ständig alles geändert wird,
kenne ich mich bald gar nicht mehr aus.

*Ich frage Sie, wenn Sie wählen dürfen, was wollen Sie
dann wählen? Was wählen Sie?*

Ich wähle jedenfalls die Immer-Partei. Da steh´ ich
zu. Bei denen weiß ich immer, was ich hab´. Die sorgen
schon für die, denen es gut geht. Und für die gibt es einfach
keinen Grund, etwas zu verändern. Schließlich soll
das ja auch so bleiben. Mir geht es zwar nicht ganz gut,
aber wirklich schlecht gehts mir auch nicht. Da weiß
ich wenigstens, wo ich stehe und was ich zu erwarten
habe. Jedenfalls sorgen die von der Immer-Partei dafür,
dass es immer so weitergeht, eben so wie immer. Dass

die meisten immer von einigen wenigen abhängig bleiben. Aber das ist ja normal. Das war doch schon immer so und daran wird sich auch nichts ändern, das bleibt immer so. Die von der Immer-Partei wissen am Besten, wie der Status quo zu halten ist. Und vor allem sorgen die dafür, dass ich selbst nichts verändern muss. Ich kann alles so weiter machen, wie ich es schon immer gemacht habe. Was soll ich mich noch an etwas anderes gewöhnen? Ich konsumiere weiterhin alles, was ich schon immer konsumiert habe. Und ich muss auch in Zukunft keine Verantwortung übernehmen für das, was ich tue. Auf die Immer-Partei ist absolut Verlass, die weiß immer, was gut für mich ist. Was die sagen, ist immer gut. Ein Glück, dass die Immer-Partei immer gewinnt.

Aber es gibt doch immer mehr Menschen, denen es immer schlechter geht!

Ja, ich weiß, einer ist immer der Arsch. Für die ist das natürlich blöd. Aber mein Gott, das hat es doch auch schon immer gegeben. Man muss natürlich aufpassen, dass man nicht gerade zu denen gehört. Und wenn die nicht aufpassen, haben die doch auch irgendwie selbst schuld, oder? Mit der Immer-Partei weiß ich auf jeden Fall immer, wer der Arsch ist. Und dann nix wie immer druff! Das macht mir immer so einen Spaß.

Sie können doch nicht nur auf Kosten anderer leben und die dann dafür auch noch verprügeln. Das lässt sich doch niemand auf Dauer gefallen.

Immerhin ist mir bewusst: Irgendwann ist das immer hin. Seltsamerweise. Während andere sich von ihrem Terminkalender durch die Gegend und durch die Tage, Wochen und Monate jagen lassen, vertraue ich ganz auf den immerwährenden Kalender. Darin kann ich immerzu lesen und fühle mich jedes Mal bestätigt. Was da nicht drinsteht, kann weder heute noch morgen sein.

Jetzt lenken Sie ab. Was ist, wenn die Menschen immer unzufriedener werden und sich die Behandlung nicht mehr weiter gefallen lassen?

Mich stören die vielen Leute, die ständig alles verändern wollen und an allem herumnörgeln müssen. Man muss doch einfach nur Ja sagen und nicht immer gegen alles sein. Deshalb gibt es von der Immer-Partei Leute, die sind immer dagegen, wenn zur Lösung ein anderer Weg eingeschlagen werden soll, als der, der zu diesem Problem führte.

Das ist keine Lösung, einfach den Kopf in den Sand zu stecken und sich vor den Problemen zu verschließen.

Ja, doch! Ohne Wenn und Aber! Wozu soll ständig alles negiert, infrage gestellt und kritisiert werden? Im Grunde genommen können wir doch mit dem was wir haben vollkommen zufrieden sein. Es geht uns doch wirklich gut.

Ich habe doch gerade gesagt, dass es immer mehr Menschen gibt, die absolut nicht einverstanden und zufrieden sind, mit dem, was die Immer-Partei macht.

Ich finde, wir sollten, anstatt nur zu meckern, viel mehr singen. Ich singe einfach ein schönes Lied. Es ist immer das gleiche Lied, aber schön! Wenn zum tausendsten Mal über fehlende Sozialleistungen, über steigende Kinderarmut oder über die Herabsetzung von Grenzwerten bei Schadstoffen und wieder mal um ein Verbot der Tabakwerbung debattiert wird, singe ich einfach die Sorgen weg.

Es steht aber auf jeder Schachtel Zigaretten drauf, dass Rauchen tödlich ist. Also das ist doch inzwischen ganz klar belegt. In den Zigaretten sind viele Schadstoffe drin, die nachweislich der Gesundheit und der Umwelt schädigen.

Man sollte endlich ohne Wenn und Aber die ganzen sogenannten Schadstoffe richtig benennen. Es sind alles durch die Bank Nutzstoffe. Also nennt sie doch endlich so. Das einzig schädliche darin ist, das viele nutzlose Gerede von Schadstoffbelastung und Grenzwerten. Das fängt ja schon bei der Sprache an. Statt Pflanzenschutzmittel sagt man heute Unkrautvernichtungsmittel. Wie schrecklich das klingt! Kein Wunder, dass die Leute davor Angst bekommen. Bei der Hühnerproduktion spricht man ja auch nicht von Kükenvernichtung, sondern von artgerechter Tierhaltung!

Sie können nicht alles Schönreden und die Tatsachen verdrehen!

Wenn einmal die Gemüter erregt wurden, halten sich penetrant solche abschreckenden Bezeichnungen, wie Glyphosat oder Chlorhühnchen. Das lässt sich dann leider nicht ohne Weiteres durch Maßnahmen der Qualitätssicherung oder durch ein neueingeführtes Gütesiegel wieder gut machen. Die ewigen Kritiker und Nörgler zwingen uns, die Dinge zu verändern, die im Grunde genommen gut sind. Die Menschen lassen sich von diesem ewigen negativen Gerede immer mehr verunsichern. Ich hör da einfach nicht mehr hin. Es ist eine altbekannte Tatsache, dass es der größte Blödsinn ist, zu versuchen ein System zu verbessern, dass perfekt und reibungslos funktioniert.

Never change a running system. Bloß wenn das System weiterläuft, aber kaum jemanden nützt oder sogar schädlich wird, muss es doch verändert werden!

Jetzt fangen Sie schon wieder an zu debattieren. Es muss endlich Schluss sein mit der ewigen Debattiererei. Auch im Bundestag. Deshalb hätten es die Politiker der Immer-Partei am liebsten, wenn im Bundestag passende Werbefilme gezeigt würden. Und zwar immer wenn die Opposition eindringlich vor den Gefahren des Rauchens, vor steigenden Mieten, vor giftigen Abgasen oder vor ungerechten Arbeitsbedingungen warnt. Dann würde sofort eine automatische Ansage erklingen: Wir unterbrechen diese Debatte für eine wichtige Informationsveranstaltung. Alle Redner müssten sich sofort auf ihre Plätze begeben, und dann würden die entsprechenden Werbefilme lautstark gezeigt. Die Vertreter der Immer-Partei applaudieren so kräftig, wie nur möglich. Da bleibt kein Platz für Kritik. Jedes Murren wird von lautem Jubel übertönt.

Ja ich weiß, was das für Beiträge sind. Da wird dann für die absoluten Homöopatiehasser zum Beispiel ein solcher Beitrag gezeigt: Jetzt wurden Spezialgloboli entwickelt. Speziell für die, die nicht an die Wirksamkeit von Globolies glauben. Damit die sofort erkennen können, dass die tatsächlich wirken, werden diese Globoli in Tennisballgröße geliefert. Mit einer Einfüllöffnung, durch die der Wirkstoff in der gewünschten Menge völlig unpotenziert, eingefüllt werden kann. Da ist genug Platz, damit das Mittel garantiert seine jederzeit wissenschaftlich nachweisbare Wirkung entfalten kann. Grenzwerte müssen nicht beachtet werden. Ganz nach Belieben lassen sich im Handumdrehen Antibiotika, Cortison, Betablocker oder Glyphosat verabreichen. Derzeit wird noch erforscht, ob da nicht auch ein Hotspot für WLAN-Empfang eingebaut werden kann. Da die Wirksamkeit bekanntermaßen eine Glaubensfrage ist, muss vonseiten des Herstellers betont werden, dass dieser, aufgrund seines homöopathisch orientierten Backgrounds nicht an die Wirkung unpotenzierter Stoffe glaubt und weder eine Garantie und noch irgendeine Haftung übernimmt. Der Anwender handelt wissenschaftsgestützt, aber völlig eigenverantwortlich.

Schön, Sie haben verstanden, worum es mir geht.

Ja, Sie machen sich die Welt, wie sie Ihnen gefällt!

Und Sie machen sich die Welt, wie sie Ihnen nicht gefällt, und beschweren sich anschließend noch darüber!

Ab jetzt kann mich nichts mehr auf achtzig bringen!

Heilkunst und FarbenPracht©

Norbert Wickbold
Denkzettel Nr. 80

Ab jetzt kann mich nichts mehr auf achtzig bringen!

Manchmal kann ich einfach keinen Spaß verstehen und bin ruck zuck auf achtzig. Dann haben die anderen nichts mehr zu lachen. Das war früher zwar auch schon so, aber da war wenigstens das Werbefernsehen noch lustig. Zu der Zeit, aus der ich stamme, kannte jeder Bruno, eine Zeichentrickfigur, die als HB-Männchen eine bekannte Berühmtheit war. Es hatte bald Kultstatus erlangt. Mehr noch als die Mainzelmännchen. Eigentlich sah ich mir nur seinetwegen die Werbung an. In immer neuen Szenen wurde gezeigt, wie Bruno als lustiges HB-Männchen rot vor Wut wurde, weil ihm wieder Mal ein Vorhaben gründlich misslungen war. Im Nu war er auf achtzig und im Begriff, durch die Decke zu gehen. Immer in diesem Augenblick erschien, wie ein rettender Engel ein kleiner, freundlicher König angeflogen, zog das Männchen wieder herunter auf die Erde und sprach dazu die immer gleichen Worte:

»Halt, mein Freund, wer wird denn gleich in die Luft gehen. Greife lieber zu... (Was dann kam, war die Werbung) *...dann geht alles, wie von selbst.«*

Und tatsächlich. Sobald das angepriesene Produkt konsumiert wurde, erstrahlte Bruno in heiterer Gelassenheit und alles bewegte sich, wie von Geisterhand, an den gewünschten Platz. Ich weiß nicht, wie viele

Menschen deshalb das Rauchen anfingen. Und wie viele Menschen bis heute glauben, dass sich Probleme dadurch wirklich lösen lassen. Die Raucher, die ich kennengelernt habe, waren durchaus nicht zufriedener, gelassener oder erfolgreicher als andere. Auch bei denen raucht es ab und zu ganz heftig im Karton. Da man Bruno als HB-Männchen nach Jahrzehnten stressvoller Arbeit in den Ruhestand geschickt und auf eine Neubesetzung der Stelle ganz verzichtet hat, spricht nichts dagegen, nun endlich auch die Zigarettenwerbung in den verdienten Ruhestand zu schicken. Stattdessen machen heute die Raucher Selfies mit Zigarette im Mund und der Schachtel in der Hand, auf der ganz groß der Spruch prangt: Rauchen ist tödlich. Und das kann mich wirklich auf achtzig bringen. Mich holt dann gewiss kein kleiner König wieder runter von der Palme. Aber ich greife eben nicht zur rettenden Zigarette oder zu anderen glückselg machenden Produkten.

Obwohl sie mich nie zum Rauchen verführte, hatte auch für mich die Werbung mit Bruno als Helden eine wohltuende Wirkung. Schließlich zeigte sie mir, dass es für alles eine Lösung gibt. Und vor allem, dass man sich nicht über jedes kleine Missgeschick so groß aufregen braucht. Mit Ruhe und Gelassenheit kommt man eher und vor allem viel leichter ans Ziel.

Manchmal habe ich den Eindruck, die Werbemacher haben Bruno deshalb in den Ruhestand geschickt, weil sie uns viel lieber aufregen wollen. Das habe ich inzwischen herausgefunden: Wenn ich ständig in Wut gerate, geht viel mehr zu Bruch und ich kaufe immer wieder neue Waren. So lange ich mich wie ein kleiner König fühle, bin ich zufrieden und brauche nichts weiter. Was will ich mehr? Eben! Wer zufrieden ist, der will nicht mehr. Dabei sollen wir doch immer mehr wollen. Nur wer unzufrieden ist, will mehr – viel mehr! Das Dumme daran ist jedoch, dass der, der schnell auf achtzig ist, oft nicht nur über Dinge, sondern über andere Menschen oder sogar über den lieben Gott in Wut gerät.

Wie eingangs gesagt, kann ich mich über Gott und die ganze Welt aufregen. Dabei scheint es mir, dass Gott sich gar nicht aufregt. Jedenfalls nicht mehr so sehr, wie früher. Ich frage mich, wie der liebe Gott das gemacht hat. Ich meine, am Anfang der Bibel hatte Gott sich durch das Fehlverhalten der Menschen schnell auf achtzig bringen lassen. Damals ließ er sie mit aller Härte seinen göttlichen Zorn spüren. Scheinbar musste selbst er lernen, seine Wut in Zaum zu halten und sich zu beherrschen, damit die Menschen weiter an seine Güte glauben. Einige Menschen behaupten, Gott wird eines Tages kommen und fürchterlich richten, auf das kein Stein mehr auf dem anderen bleibt. Andere wiederum sagen, seine Güte währet ewiglich. Ich möchte nur zu gerne wissen, wie der liebe Gott das angestellt hat. Eben, dass er so ruhig bleiben kann. Die Menschen geben ihm heutzutage mit Sicherheit mehr denn je Gründe dazu, seinen heiligen Zorn über sie auszuschütten. Aber er macht es nicht. Unglaublich! Wie kann Gott bei alle dem so ruhig bleiben? Denn Gott wird wohl kaum, wie die Menschen damals in meiner Kindheit, auf einen kleinen, freundlichen König gewartet haben, der ihm eine Zigarette anbot, auf das ihm alles wie von selbst von der Hand ginge. Er selbst ist doch der große König der Welt, der alle Dinge dazu verhelfen könnte sich seinem Willen, also zum Guten, zu fügen.

Ich vermute, es war so: Als Gott zurück war von seinen Erkundungen der Welt und sich seiner selbst wieder gewahr wurde, sagte er sich: Alles, was in der Welt ist, ist so in der Welt, wie ich es geschaffen habe. Als ich mir meine Schöpfung ansah, sprach ich, dass alles gut geworden sei. Warum soll ich es nun beklagen? Auch die Menschen sind so geworden, wie ich sie haben wollte. Nach meinem Ebenbild. Wenn etwas Schlechtes oder Böses in der Welt ist, dann habe ich es selbst in die Welt gebracht und bin selbst der Schöpfer dieses Bösen. Ich will alles annehmen, so wie es ist.
Und weise sprach Gott dann weiter in dieser Sache:
Wenn Unglück ich über die Menschen kommen lasse,

dann tun sie's mir als mein Ebenbild sogleich nach,
vergrößern der Welt und ihrer eigen Ungemach.

Sie berufen sich auf die göttliche Eingebung und fallen dennoch übereinander her. Und sehen überall Feinde als Ursache des Bösen. So kommen sie wieder und wieder auf achzig und bekämpfen ihre Feinde.

Die bösen Feinde werden mehr und mehr
und kein Mensch wird ihnen noch Herr.
Wenn sie überall nur noch Feinde sehen
kann es nun wirklich nicht weitergehen.
Der Mensch ist sich selbst der größte Feind.
So war meine Schöpfung nicht gemeint.

Mich haben schon unzählige Ereignisse, Begegnungen und Erfahrungen auf achtzig gebracht. Was hat mich schon alles wütend gemacht. Jedes Mal glaubte ich, mir eine Entschädigung verdient zu haben. Wenn ich mich schon so aufregen muss, will ich mir wenigsten etwas Schönes gönnen. Das rettet mich bis zum nächsten Wutanfall. Anlässe gibt es genug. Die wiederholen sich ständig. Im Grunde ist es immer das Gleiche, weshalb ich sofort auf achtzig bin. Wie viele Anlässe laufen mir hinterher? Zwanzig, dreißig oder vierzig? Ich denke dabei an das Märchen: Ali Baba und die vierzig Räuber. Ali Baba findet Zugang zu verborgene Schätze, aber um

sie nutzen zu können, muss er erst vierzig Räuber besiegen, die diese bewachen. Er hat eine treue Sklavin,
die diese Aufgabe mit Klugheit meistert und sich dabei
selbst befreit. Für Ali Baba tut sich durch ein geheimes
Wort der Berg auf und gibt die größten Schätze frei. Im
Gegensatz zu Ali Baba bringe ich, arger Wüterich, es
schnell auf achtzig. Aber wo sind die Schätze? Ich habe
es zu tun mit zwei mal vierzig Räubern, die mir mit jedem Ärgern die Kraft rauben. Das sind meine achtzig
Feinde. Und das geht nicht alleine nur mir so.

Wer auszieht das Böse zu besiegen,
glaubt, er müsse alle Welt bekriegen,
ist bald nur noch von Feinden umgeben
und kämpft und kämpft – gegen des Bösen Streben.
Seit Jahrtausenden so viele Hunderttausendmal,
bringst du den Menschen Leid, ach und Höllenqual.
Und weil das Böse in deinem eigenen Herzen liegt,
hat am Ende wieder das Böse triumphierend gesiegt.[1]

Und Gott sah auf die Erde und bemerkte die vielen
kleinen, kochenden und dampfenden Vulkane. Viel
mehr, als er selbst in die Landschaft gepflanzt hatte. Er
sah, die vielen Menschen, die wie er einst, selbst ständig
vor sich hin brodelten und auf achtzig waren. Und so
sprach er zu jedem Einzelnen:

1 Norbert Wickbold: Märchen vom Kampf gegen das Böse (2015)

»Du bist ewig auf achtzig und ständig am Toben,
glaubst Du, du bekommst den Segen von oben?«

Ich kann mich dafür entscheiden, ob ich zum wutentbrannten Bruno werden will, dem sein Ärger zur Sucht wurde und der sich durch eine weitere Sucht davon zu befreien sucht. Ich kann meine Sucht, mich zu ärgern, immer weiter füttern. Ich kann andere für meinen Ärger verantwortlich machen. Und dazu eine Sucht ausbauen, die mich von meinem Ärger wieder befreien soll. Ich kann sehen, dass ich damit bei Weitem nicht alleine bin. Ich könnte einfach sagen: das machen doch alle so. Stimmt. Und dennoch habe ich die Freiheit, mich dafür zu entscheiden, zum kleinen König zu werden, der selbst Verantwortung für seine Gefühle übernimmt. Ich dachte bei mir: ich will es so nicht weiter machen und sagte mir: *Ab jetzt kann mich nichts mehr auf achtzig bringen!* Als dieser Beschluss gefasst war, hörte ich eine Stimme, die ohne Getöse, sondern ruhig und sanft zu mir sprach:

»Mein Freund, hast du gewandelt deine Wut,
geht es dir, auch ohne Belohnung wirklich gut.
Das große Toben macht dich zum kleinen Wicht.
Mit ruhigem Herzen erstrahlt dein wahres Licht«.

Die Bücher von Norbert Wickbold

finden Sie auf den folgenden Seiten

Norbert Wickbold

Denkzettel
– Die fünfte Staffel –

tredition

Geschichten aus dem Paradies
Jubiläumsausgabe!

Tb: € 12,80 (D)

geb: € 19,80 (D)

e-Book: € 2,99 (D)

ISBN:
978-3-7323-2611-2 (Tb.)
978-3-7323-2612-9 (geb.)
978-3-7323-2613-6 (e-book)

Zum Anliegen der Denkzettel

Hier werden Lebensthemen oder politische Themen in oftmals ungewöhnlicher Denk- und Sichtweise humorvoll oder eher besinnlich erörtert. Jeder Band umfasst zehn Texte, die nicht allzu ernst genommen werden sollen, denn ich möchte dazu beitragen, allzu engstirnige Denkweisen aufzulockern. Vielleicht kommen Sie bei deren Lektüre ins Schmunzeln und es fällt Ihnen anschließend leichter, Altbekanntes neu zu betrachten und es auf bisher ungeahnte Weise zu bedenken.

Tb Nr. 1 – 5: € 9,50 (D) und ab Nr. 6: € 10,80 (D)

Der Roman, der zur Quelle führt:

Die Wiederkehr der Morgenlandfahrer

Die Idee der Morgenlandfahrer Hermann Hesses wird hier wieder aufgegriffen und mit hochaktuellen Themen verknüpft: Auf der einen Seite steht eine gigantische, den Globus beherrschende Wirtschaftsmacht und ihr gegenüber befindet sich die entmachtete Gruppe der vielen. Ein paar wenige wagen es, um ihr Grundrecht auf sauberes Wasser zu kämpfen und bringen das Machtgefüge der Weltmacht an seine Grenzen. Der Roman:

Die Wiederkehr der Morgenlandfahrer

gibt Hoffnung auf die Kraft von Einzelnen, die ihre innere Quelle gefunden haben. Hier geht es darum, seinem Stern zu folgen und daraus Kraft für die Bewältigung auch sehr schwieriger Aufgaben zu ziehen. Die Reise der Morgenlandfahrer ist eine Reise durch die innere Wüste seiner eigenen Seele. Es ist eine Reise zur inneren Quelle. Sieben Künste weisen den Weg dorthin. Jeder findet seinen eigenen Weg. Der Leser bekommt einen spannenden Roman vorgelegt, der Hoffnung machen will, dass auch eine globale Bedrohung überwindbar ist. Er kann sich ohne Weiteres in einer der Hauptfiguren wiederfinden und erhält somit schnell einen eigenen Bezug zu Thema und Inhalt des Romans. Und er kann sich auf seinen eigenen Weg zu seiner eigenen Quelle begeben!

336 Seiten € 18,50 (D) Tb

ISBN:
978-3-8495-9890-7 (Tb.)
978-3-8495-9891-4 (geb.)
978-3-8495-9892-1 (e-book)

Die Gedichte und Gedanken:
Was seht ihr denn?
42 Gedichte und Gedanken

Wie viele Gedanken gehen uns durch den Kopf und
ziehen sehr schnell wieder weiter? Einige hinterlassen
bleibende Spuren, andere geraten bald wieder in Vergessenheit. Neue Ereignisse und neue Gedanken verdrängen
unsere Gedanken von gestern.

Einmal innezuhalten! Dies alles von ferne nur zu
betrachten. Es aufzuschreiben, um die Gespenster,
die in unseren Hirnen spuken, zu vertreiben.

Hier sind sie versammelt:
42 Gedichte und Gedanken aus drei ereignisreichen
Jahrzehnten, die tatsächlich in Worte festgehalten und
niedergeschrieben wurden. Sie sind manchmal sehr persönlich oder poetisch, mal politisch und manchmal eher
philosophisch.

Format: 120 x 190 mm,
60 Seiten

Tb: € 7,50 (D)

geb: € 13,50 (D)

e-Book: € 2,99 (D)

ISBN:
978-3-7323-1126-2 (Tb.)
978-3-7323-1127-9 (geb.)
978-3-7323-1128-6 (e-book)

Der Ratgeber zum Älterwerden:

Wer weiß, wie wir mal werden?

Selbstentwicklung kreativ fürs Alter nutzen

Im Alter würdevoll Leben, möglichst ohne Leiden zu müssen, dass wünschen sich viele Menschen. Ist das möglich? Nach 22 Jahren Arbeit in der Altenpflege, behaupte ich: Ja! Es ist möglich, wenn wir bereit sind, unser Leid anzunehmen. Dann können wir es wandeln. Mithilfe unserer Lebenserfahrung, der Kunst und verschiedener therapeutischer Ansätze können wir einen inneren Wandel vollziehen und den Abbau- und Sterbeprozess kreativ wandeln in einen Aufbau- und Integrationsprozess.

Das Buch vereint viele Beispiele aus Praxis, Kunst, Dichtung und Forschung und zeigt sieben Wege zum kreativen Altwerden auf.

384 Seiten, mit vielen, teils farbigen Abbildungen

Tb: € 24,49 (D)

geb: € 30,80 (D)

eBook: € 2,99 (D)

ISBN:
978-3-8495-9811-2 (Tb.)
978-3-8495-9812-9 (geb.)
978-3-8495-9813-6 (e-Book)

Die Seminarbücher:

Sieben Wege zum kreativen Älterwerden

Hier werden sieben Wege aufgezeigt, die dich befähigen, auch im Alter eine Persönlichkeit zu sein, die souverän und weise ihr Leben führt.

Das Lebensschiff
bis ins hohe Alter
souverän steuern

Die Bilder der Seele
sprechen lassen

Die Biografie als
Gestaltungsaufgabe

Dreh dich nicht um!
Die Blockaden lösen

Zu jedem Weg werden Seminare angeboten. In lockerer Folge erscheinen weitere Themenbücher, die unabhängig voneinander durchgearbeitet werden können.

Tb: € 10,00 (D) geb: € 18,80 (D) eBook: € 2,99 (D)

Auf künstlerischen Wegen der Weisheit entgegen

Empfangen der Würde im Alter

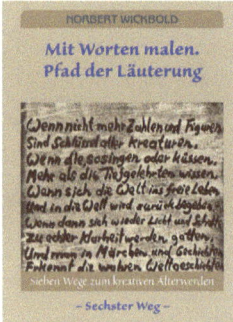

Mit Worten malen. Pfad der Läuterung

Die Teile des Lebens zum Ganzen zusammenfügen

Der Autor:

Norbert Wickbold

1973- 1984 Lehr- und Gesellen-
       jahre als Elektriker,
       drei Semester Physik-
       Studium, UNI Bremen
1985- 1989 Diplom-Studium in
       Kunsttherapie/Kunstpäda-
       gogik und freie Arbeit als
       Dozent für künstlerische und literarische Kurse
1994 Altenpflegeausbildung, Arbeit als Altenpfleger
2001 Fortbildung zur Fachkraft Gerontopsychiatrie
2002 Abschlussarbeit: Kunsttherapie im Alter
2003 Beginn meiner schriftstellerischen Arbeit
2005 bis 2012 Leitung von Gedächtnistrainingskursen
2008- 2010 Master-Studium in Erwachsenenbildung
2007 Fertigstellung der 1.Fassung des Romans:
    • *Die Wiederkehr der Morgenlandfahrer*
2008 • *Norbert Wickbolds kleine Denkzettel*
       starten mit: *Das Henne-Ei-Paradoxon*
2010 • *Vom Sinn des Lebens, des Sterbens und der
       Aufgabe des Alters* in Heft 23 der Zeitschrift:
       »Psychosynthese«, Navo-Verlag, Zürich
2014 • *Wer weiß, wie wir mal werden?* wird im
       Tredition-Verlag, Hamburg veröffentlicht
2015 • *Die Wiederkehr der Morgenlandfahrer* und
     • *Was seht ihr denn? – 42 Gedichte und Gedanken*
     • *Denkzettel – Die ersten zehn*
2016 • *Denkzettel –die zweite Dekade (Staffel)*   Bis
2019 • *Denkzettel – dritte bis fünfte Staffel*
2020 • *Geschichten aus dem Paradies*
     • *Sieben Wege zum kreativen Älterwerden – Einleitung*
     • *Denkzettel – sechste Staffel*
2021 • *Die Bilder der Seele sprechen lassen*
     • *Denkzettel – siebte Staffel*

weitere Infos:

Norbert Wickbold
n.wickbold@heilkunstundfarbenpracht.info
www.heilkunstundfarbenpracht.de

Bücher erhältlich über
www.tredition.de

Zeitfracht Medien GmbH
Ferdinand-Jühlke-Straße 7
99095 Erfurt, Deutschland
produktsicherheit@kolibri360.de